有と無

見え方の違いで対立する
二つの世界観

細谷功

dZERO

はじめに

一体これは何の本なのでしょうか?

ほとんどの読者の皆さんがそう思って本書を手に取ったに違いないと思います。

一言で表現すれば、この本は「ものの見方の一つを提供する」ための本です。

読み方次第で何の役にも立たない本にもなれば、ありとあらゆるものに役に立つ本にもなりえるともいえるでしょう。

本書では身の回りの事象を徹底的にシンプルにとらえることを狙《ねら》いとしました。「ものの見方」あるいは視点とか観点とかいわれるものは、つきつめていけば「それはAかBか」と考えることにあります。

- 賛成か反対か
- 正しいか間違いか
- 美しいか美しくないか

・浅いか深いか
……

このような表現をされて、「世の中そんなに簡単に二択《にたく》で表現できるものではない」と思った人も多いかと思います。その疑問はきわめてもっともですが、もう少し考えてみてください。「二択で表現はしない」という人も、必ず何らかの言葉を使って身の回りの事象を表現しているのではないでしょうか。

例えば「美しいか美しくないか」の二択では正確な表現ができないと思っている人だって、「美しい」という言葉そのものを使わないというわけではないと思います（これはありとあらゆるものを描写する表現のすべてに通じます）。

では「その『美しい』とはどういう意味ですか？」と聞かれたら皆さんは何と答えるでしょうか？　例えば「均整がとれている」とか、「見た人の心を豊かにする」とか、「無駄がない」とか、限りない数の異なる定義がなされることでしょう。

ただし、どの定義もその背景に「そうでないもの」との比較が無意識のうちに必ず入っています。つまり「美しい」は、「『美しい』にあてはまらないものは美しくない」の裏返しになっていることにお気づきでしょうか？

そもそも言葉とは抽象化の産物であり、ものごとの特徴を「都合よく切り出している」ものだからです。つまりそこには「切り出している特徴」と「切り出していない特徴」がほとんどの場合、存在するのです。要は、人間は言葉を使いだした瞬間に「二択の罠《わな》」に入り込んでいるということになります。

ここで再び先の話に戻ると、私たちのものの見方も根源的なところでは、ほとんどの場合につきつめていけば、「AかAでないか」（の組み合わせ）に行きつくのです。

ここまでで、ものの見方を抽象化すればその基本単位は「AかAでないか」という見方にまで昇華できることが理解してもらえたと思います。そこでさらにこれを抽象化していった場合、この「A」に相当するものが何なのかという話になります。つまりこの「A」がわかれば、すべてのものの見方の基本が何なのかという解《かい》の一つが得られるのです。

もうおわかりでしょうか。その問いへの一つの解が本書のタイトル「有と無」ということになります。ものごとを多面的に見る場合の表現として「多次元的に見る」という表現がありますが、逆にいえば、それらの要素を「次元を落として」バラしていけば、行きつくのは「0次元」＝「点」ということになります。「点」とは大きさも方向もない情報で、要は「あるかないか」だけがそこに存在しているということです。

つまり本書における仮説は、人間の知能の根源的な部品が「有（ある）と無（ない）」に行きつくということです。したがって、本書は、皆さんが身の回りの世界を解釈する上での根源的な部品の取扱説明書のようなものです。

本書で「あるとない」を語る上での基本的な前提条件は、「あるとないの関係」が一見同等の反意語のように思われているが、それらは決して同等ではない「非対称」の関係であり、それを見る側にも大多数の「ある型の思考回路」の人と少数の「ない型の思考回路」の人が存在し、これらの関係が生み出すギャップによって世の中が動いているということです。

さまざまな「あるとない」の言葉のペアを例としてとりあげることで、このような仮説を解説し、皆さんの身の回りの出来事にあてはめることで「なぜそのようなことが起こっているか」を考える材料にしてもらえればと思います。

一七のペアをとりあげていますが、おそらく読み進めるうちに先の章からの既視感が出てくるのではないかと思います。それはすべてのペアが「根っこでつながっている」からです。それこそが本書で明らかにしたい「有と無」の関係です。

皆さんが自分自身の身の回りの事象をこの「基本部品」に分解してその構造をつきつめ、最も自分に合った「世の中の見方」を見出してもらえれば本書の目的は達成されたことになるでしょう。

目次

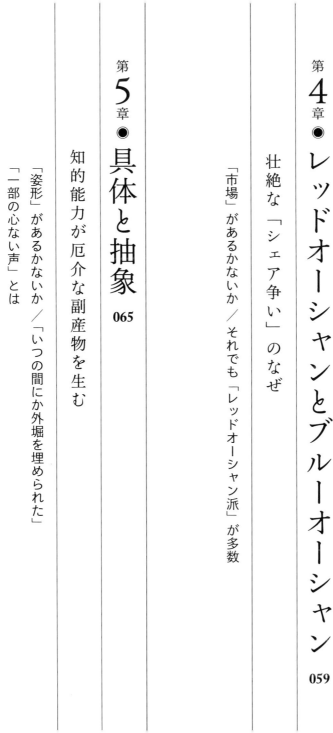

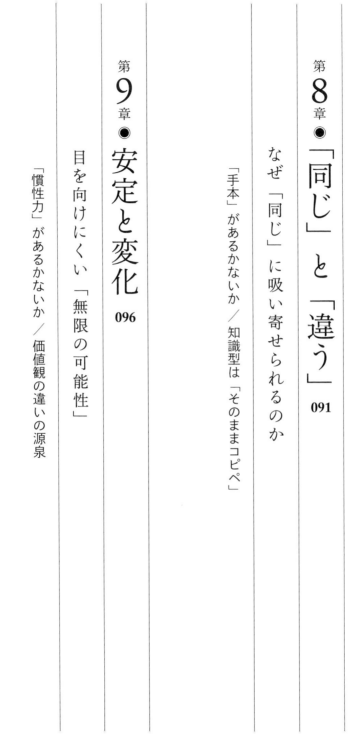

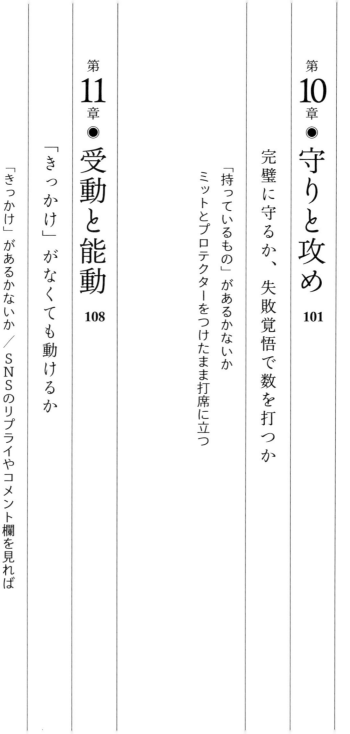

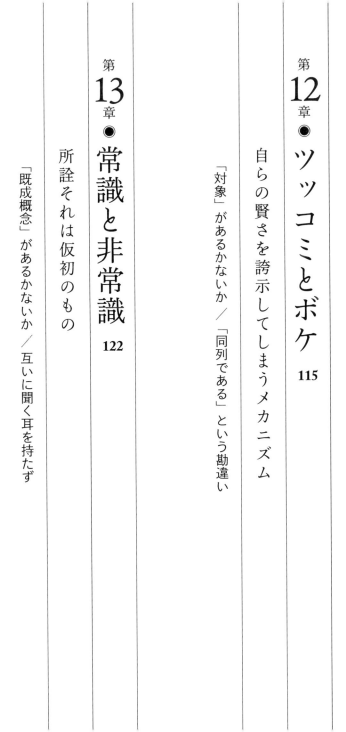

有と無

見え方の違いで対立する二つの世界観

序章◉歪みとギャップが世の中を動かしている

「あるもの」と「ないもの」

皆さんに問題です。各々三〇秒間で二つの問題を考えてみてください。紙に筆記具で書いても、ＰＣやスマホでテキスト入力しても、あるいは電車の中で本書を読んでいるという方は「頭の中で」考えてもらうだけでも構いません。ただし、この二つの問題へのアプローチは、本書のテーマを凝縮したものなので、必ず問題に答えてから次に進むようにしてください。

問1　家にあるものをリストアップしてください（三〇秒間）

問2　家にないものをリストアップしてください（三〇秒間）

さて、どうでしたでしょうか？

おそらく次のように感じた人が多いのではないでしょうか？

- 「家にあるもの」は、あまり悩まずにスイスイとたくさん出てくる。
- 反面「家にないもの」は、一瞬頭が真っ白になる。ただし、その後、何かのきっかけをつかめばすんなり出る場合もある。

次に、各々の問題を三〇秒間で考えたときに皆さんの頭の中で何が起こったかを思い出してください。おそらく以下のように考えた人が多いのではないでしょうか。

問1 家にあるもの

- いま家の中にいる人は、まず身の回りにある「直接見える」ものからリストアップしはじめる。続いて隣の部屋、さらに別の部屋（キッチン、トイレ、浴室も含む）と頭の中で「移動」しながらその部屋の情景を思い浮かべる。
- いま家の中にいない人も、自分が最もよくいる家の場所から右と同じことをする。

問2 家にないもの

- いま家の中にいない人は、いまいるのがカフェならばカフェ内で見えるもの、オフィスであればオフィス内、電車であれば車内のものをリストアップし、「これは家にない」ことを確認してからリストに加える。
• いま家の中にいる人は、文字通り（頭の中で）「玄関から外に出て」、家の外にある風景から見えるアイテムをリストアップして、「これは家にない」ことを確認してからリストに加える。

さらに人によっては、いまいる場所がどこかにかかわらず、「家に入らないほど大きなもの」とか、「買いたくても買えない高級品」とか、「海外にしかないもの」とか、「そもそも世の中に存在しないもの」まで考えた人もいるかもしれません。
さて、ここまで考えてもらった「家にあるもの」と「家にないもの」をリストアップするときの頭の使い方は、「○○にあるもの」と「○○にないもの」の○○に「職場」「動物園」など、どんな場所を入れても同じです。つまりこの問題は「あるもの」と「ないもの」を考えるときの頭の使い方の縮図といってよいかと思います。
その観点で「あるもの」と「ないもの」を考える上での頭の使い方を一般化してみると、次のようになります。

• 「あるもの」はすぐに思い浮かぶ。それはおもに「いま直接身近にあるもの」や過去の経験からくる。

・「ないもの」は大きく二つに分かれる。「当該の場所にはないが別の場所にはあるもの」（家にはないが職場にはあるものなど）と、「本当にどこにもないもの」（「タイムマシン」「三〇年後の自分」など）。

・「ないもの」は一見「どこにもないもの」に思えるが、実際にはどこかにあるものがほとんどである（例えば、「タイムマシン」は確かに物理的には「ない」がSF小説などにはいくらでも「ある」）【図1】。

・「あるもの」のほうが（少なくとも短時間では）数多くリストアップできるが、実は（天文学的に）多いのは「ないもの」のほうである【図2】。

このような関係は、例えば「自分の所属組織（会社など）にあるものとないもの」「日本にあるものとないもの」、およそどこかに「あるもの」と「ないもの」との関係としてほとんどあてはまるといえるでしょう。

それらにはおよそ、図3のような関係があるかと思います。

簡単に各項目について解説していきます。

一つ目の「五感で感じられる具体」と「五感で感じられない抽象」は、家の例題から明らかでしょう。「抽象」について補足すれば、「家にないもの」は大きく二つに分かれ、「どこかにはあるが家にないもの」と「どこにもないから家にもないもの」となります。

前者はそれでも「具体的なもの」が多いですが（家電量販店にあるが家にないものとか）、

［図１］

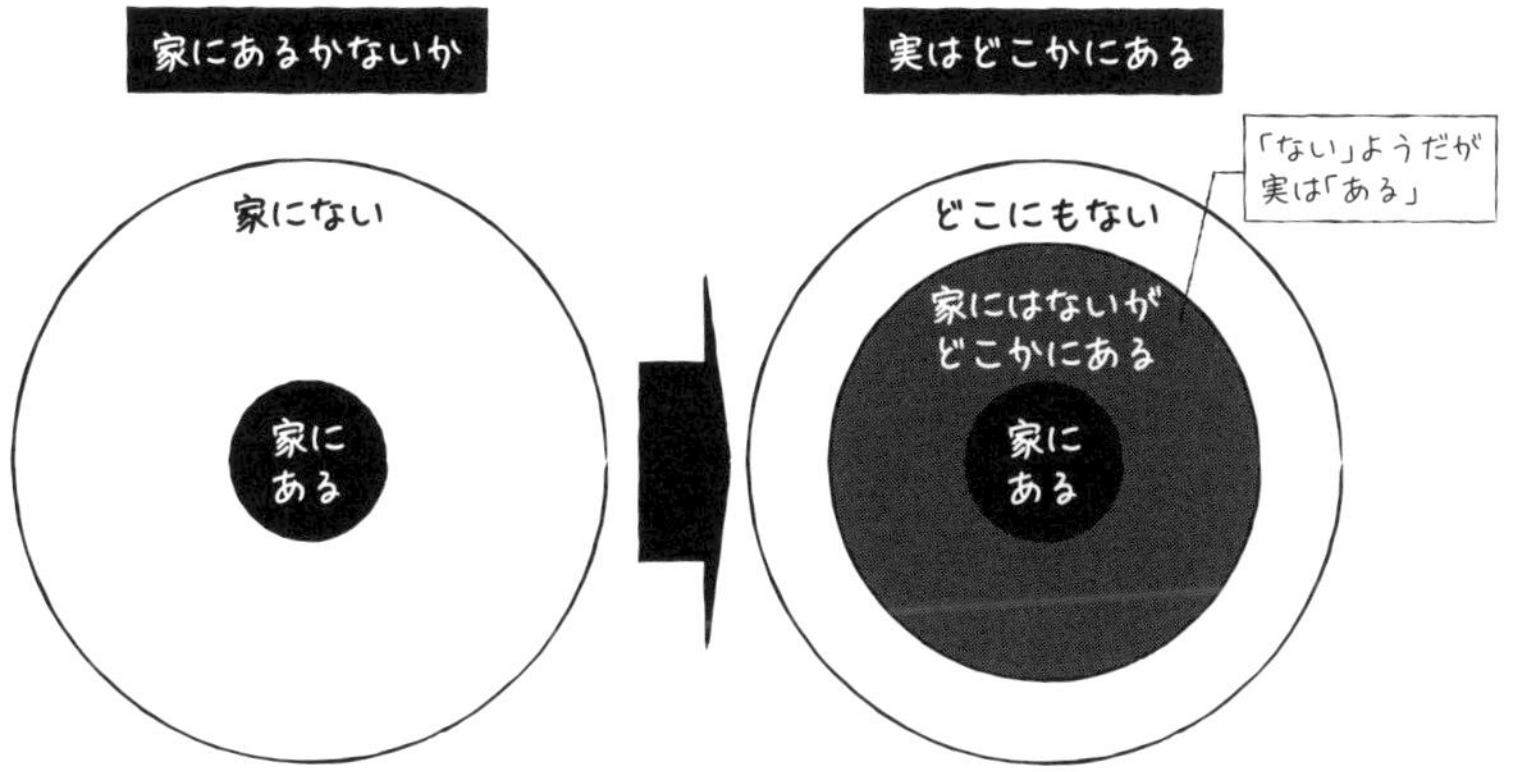
家にあるかないか
実はどこかにある
「ない」ようだが
実は「ある」
家にない
どこにもない
家にはないが
どこかにある
家に
ある
家に
ある

［図２］

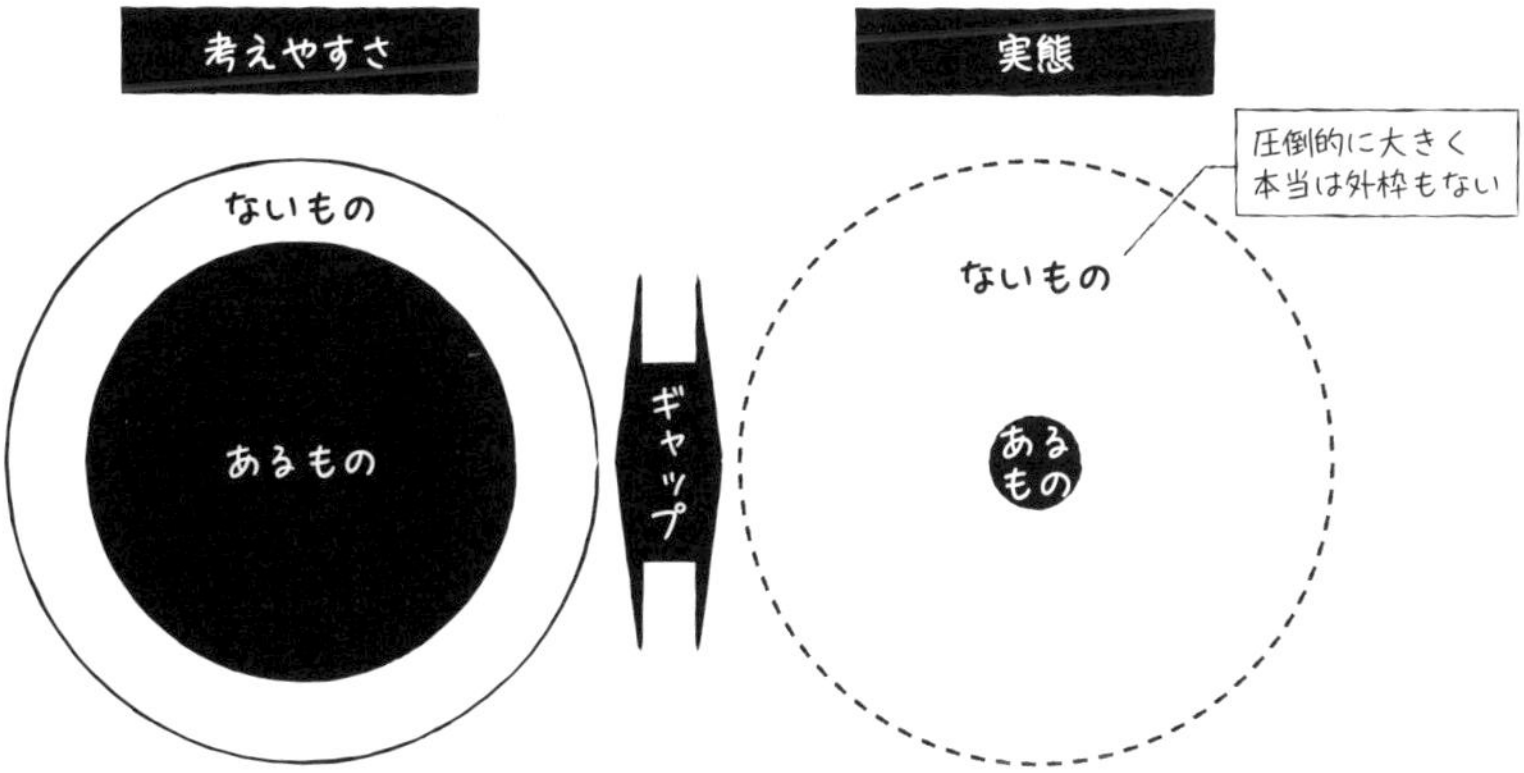
考えやすさ
実態
圧倒的に大きく
本当は外枠もない
ないもの
ないもの
あるもの
ギャップ
ある
もの

後者は例えば「巨大なもの」「未来のもの」といったように抽象的な分類から考えていく頭の使い方が多くなるはずです。

続いて「高密度」と「低密度」ですが、圧倒的に「外の世界」よりも狭いであろう「家の中」のほうが鮮明に見えます。それだけ「密度が高い」ということです。これに対して「外の世界」は圧倒的に広いはずなのに簡単にはリストアップできないという点で「低密度」というわけです。

この例をもう一つ別のたとえで挙げておけば、「地球と宇宙空間の関係」にも似ています。「我が家」としての地球は宇宙全体の中で「ほんのちっぽけな存在」であるにもかかわらず多くのものがよく見えるのに対し、無限に近い宇宙空間にはあまりものがないように見えるといったイメージです。

「有限」と「無限」は、「限りがあるかないか」ということです。「ある」ものは基本的に数が限られているのに対して、「ない」ものは（新たに作り出そうとすればいくらでも作れるという意味で）潜在的には「いくらでも考えうる」ので、無限の可能性があるということになります。

「確定している世界」と「確定していない世界」は、家の中にあるものはそこに存在している点で「確か」なものですが、家の中にないものは「実はない」かもしれないし「ある」かもしれないし……と、存在そのものが不確実なものです。

「外枠がある」と「外枠がない」も、家の例や地球と宇宙の例を考えればわかりやすいと

［図3］

ある世界	ない世界
● 五感で感じられる具体	● 五感で感じられない抽象
● 高密度	● 低密度
● 有限	● 無限
● 確定している世界	● 確定していない世界
● 外枠がある	● 外枠がない
●「ない」の後にくる	●「ある」の先からある

思います。

次の『「ない」』の後にくる」は意味をつかみにくいかもしれませんが、家の中にあるもののほとんどは、もとをたどれば家の外にあった（そもそもなかった）ものが家に持ち込まれてくるというイメージです。加えて、知識や情報は、不明だったものを解明することによって新たに見えてくるという点で、時間の経過で考えると、概《おおむ》ね「ない」状態から「ある」状態が生まれてくるということを意味しています。

もちろん、この逆方向で「これまであったものがなくなる」ことだって数多くありますが、その場合でも「存在した」ことは消しようがないので、歴史上は永久に「ある」ことになります。

それは「悪魔の証明」

ここまでの話を一度整理するとともに私たちの思考回路がどのように働くのか、「あるとない」に関してどのようなバイアスが働くのかについてまとめておきましょう。なぜ人は「あるもの」と「ないもの」を考えるときに冒頭の問題で述べたような考え方をするのでしょうか。図を見てください［図4］。

「家にあるもの」の問題で考えてもらったように、私たちは、

［図4］

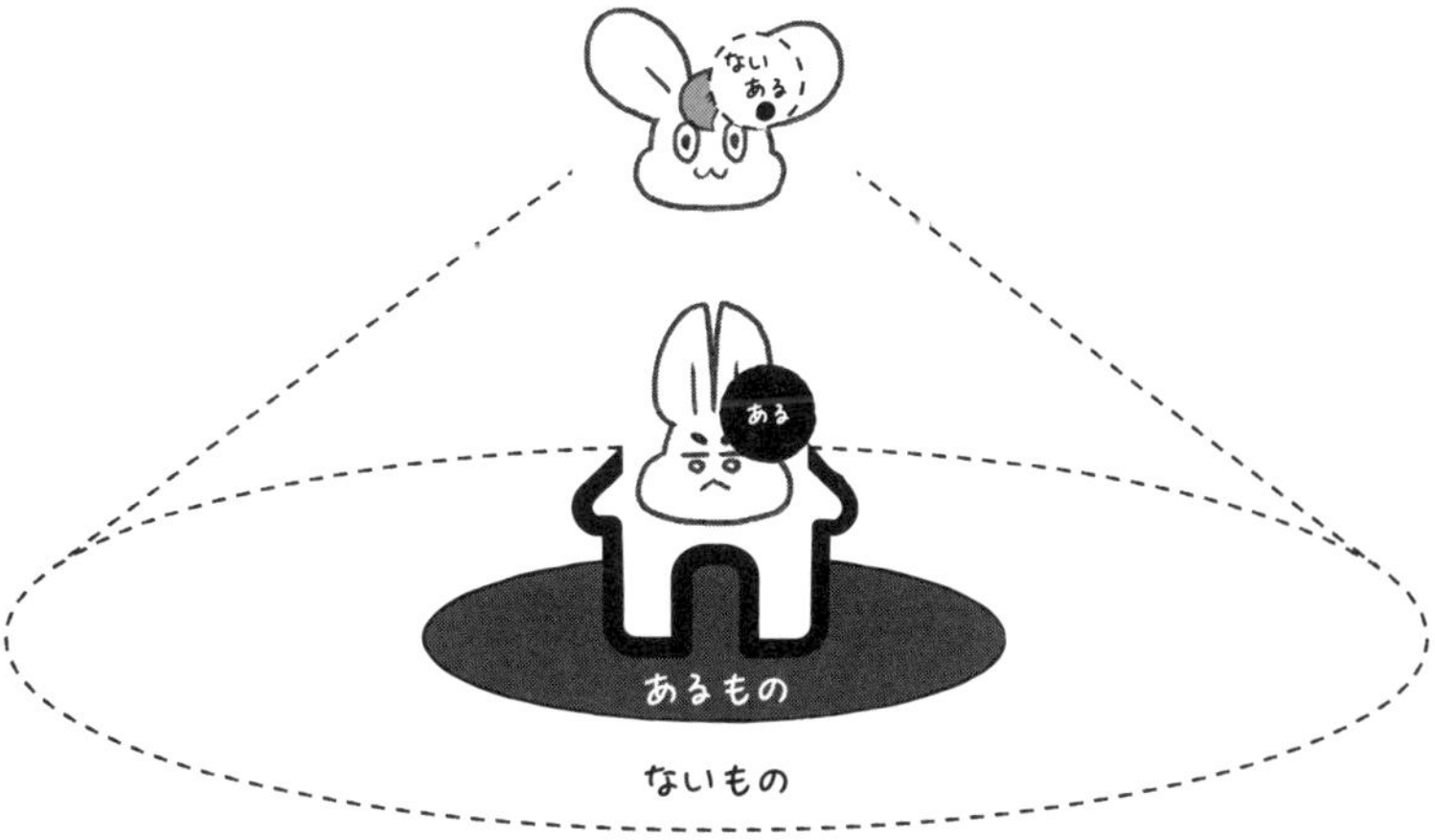

・自分の身の回りにあり
・具体的に形があるもの

を中心に考える癖があります（図の下側の「家の中」の視点）。

対して、本来ある膨大な「ないもの」の領域は、少し視点を変えて「上空から俯瞰的《ふかん》に」眺めることで初めて見えてくるものだということです。

私たちがいかに自分の五感や経験を中心に考えるかということが、この例題からもわかるでしょう。おそらく圧倒的多数の人たちが、本来「無限に」あるはずの「家にないもの」よりも「家にあるもの」のほうを（少なくとも三〇秒という短い制限時間内では）数多く挙げることができたであろうことがそのことを物語っています。

ここに本書のキーメッセージの一つである「ある」と「ない」との非対称性が明確に示されています。

「ある」と「ない」という言葉は通常対立概念として一見同列のように思われますが、実はこれらは同列ではなく、そこに認知の歪《ゆが》みが生じていて、それが大多数の人の世の中の見方をつかさどっているというのが本書の根底にある仮説です。

「ある」と「ない」との非対称性というのは、例えばすでに挙げてきたように、

- 「ある」ものを挙げるほうが「ない」ものを挙げるよりも短時間であれば圧倒的に楽である。
- しかしながら「ある」ものよりも「ない」もののほうが圧倒的多く存在する（「ない」ものには文字通り限りも「ない」。つまり無限に存在する）。

また、「ある」と「ない」との間の非対称性を語る上で有名な話として、「悪魔の証明」があります。これは、

「ある」ことを証明するのは容易だが、「ない」ことを証明するのはほぼ不可能である。

というものです。

「家にあるものとないもの」問題を思い出してもらえれば、イメージがつかめるかと思います。あるものが「家にあること」を証明するためにはそれを形として示せば（写真に撮《と》るとか）簡単に完了しますが、「ないこと」を証明するために、例えば家中のすべてを写真に撮って「ほら、ないですよ」と言ったとしても、常にそこには「本当にそれで全部か？」「どこかに隠し場所があるのではないか？」という疑問がつきまといます。ただし、このような問いに答えることがほぼ不可能であることは容易に想像できるでしょう。

これも本書の「円」と「円の外」という構図で考えれば、その非対称性は容易に理解し

てもらえるかと思います［図5］。

「ある型」思考と「ない型」思考

これらの非対称性、言い換えれば認知の歪みを大多数の人は認識すらしていませんが、一部のイノベーター（革新者）といわれる人たちは意識的にあるいは無意識的にこのような認知の歪みを逆手にとって、（概ねよい方向に）世の中を変革していきます。

このような二つの思考回路を本書では、次のように表現します。

- 「ある型」の思考回路……大多数の人が持っている「あるもの」に目を向ける発想。
- 「ない型」の思考回路……少数の人が持っている「ないもの」まで視野に入れる発想。

世界や社会は、大多数の「ある型」と、少数の「ない型」の人たちの対立構造の中で動いている。それが本書の仮説です。

両者の思考回路の対比を見てみましょう［図6］。

「ある型」の思考回路の人は文字通り「あるもの」から発想するのに対して、「ない型」の人は「ないもの」に着目してそこから発想します。

「あるもの」とは、冒頭の問題でも経験したとおり、具体的であり、経験や過去の知識が

［図５］

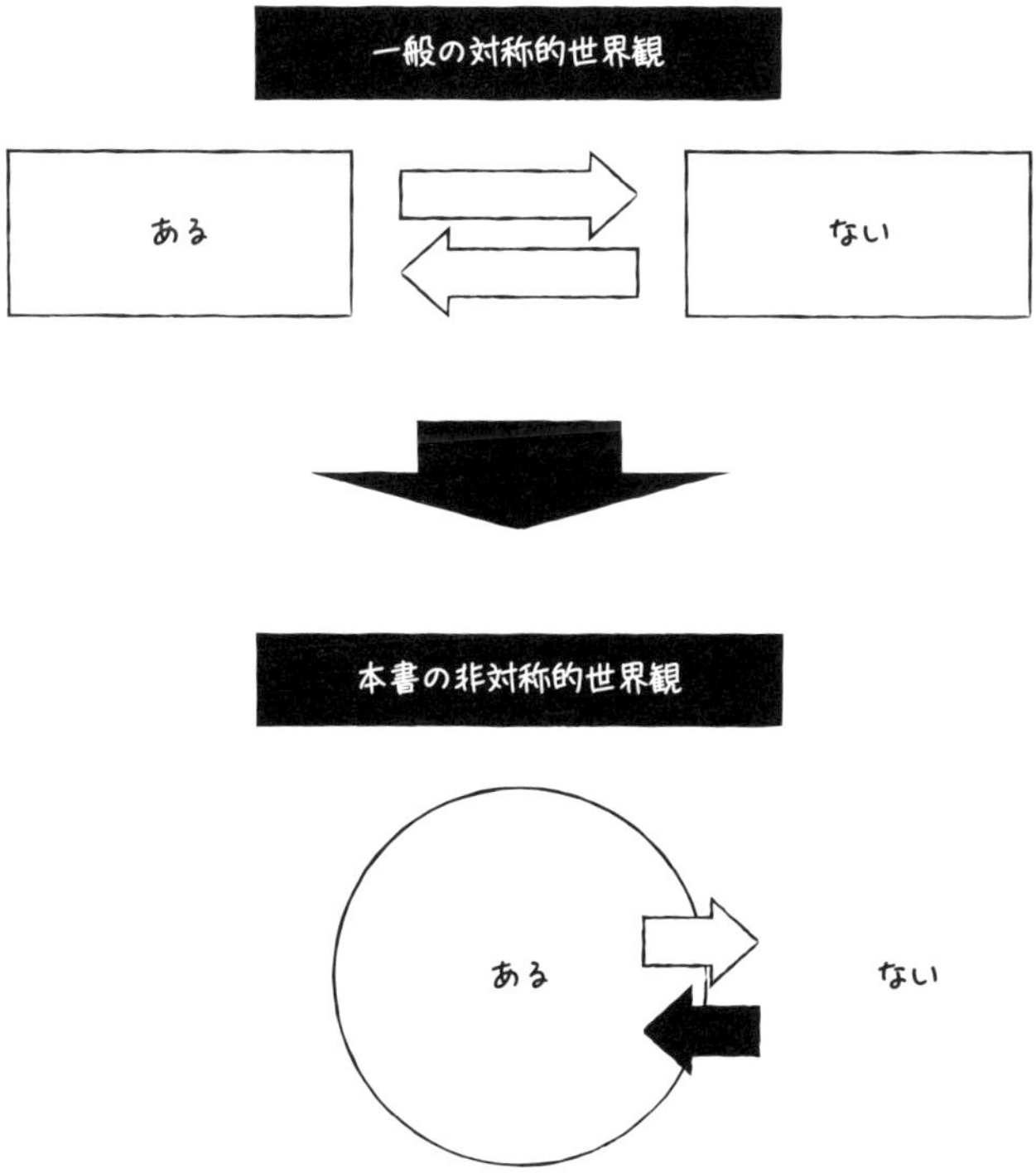

重視されます。そうなれば、視点はどうしても「自分中心」（認知バイアスにどっぷりとつかった状態）となります。

対して、「ないもの」は、無から有を生み出すわけですから、抽象的であり、想像や創造などの思考力が重視されます。そして、そのために必要なのが「上空から自分自身を客観視する」メタ認知の能力です。

結果として、「ある型」の発想ではいまある現実を重視するのに対して、「ない型」の発想ではもう少し視野を広げた理想まで思いをめぐらすことになります。

変化をもたらす軋轢

次に、二つの思考回路の人たちが、お互いに相手のことをどのように思っているかを考えてみます【図7】。

会社でも社会でも、このような意見の対立構造は枚挙に暇《いとま》がありません。ただし、これは社会をうまく運用しながら必要な変化をもたらすための軋轢《あつれき》といってよいでしょう。

冒頭の問題、「家にあるもの」と「家にないもの」の例を思い出してください。この例と紐《ひも》づけながら考えると、イメージをうまく共有できるのではないかと思います。

「ある型」の人は、いわば住み慣れた我が家が世界のすべてで、そこですべての生活が完

［図6］

「ある型」の思考	⟺	「ない型」の思考
「あるもの」に着目	⟺	「ないもの」に着目
具体・経験重視	⟺	抽象・思考重視
自分中心視点	⟺	メタ認知
現実重視	⟺	理想重視

［図7］

「ある型」から「ない型」を見ると	「ない型」から「ある型」を見ると
「型破りの非常識」	「視野が狭い」
「大きなお世話」	「もっと外を見るべき」
「上っ面の何でも屋」	「専門オタク」
「非現実的な夢想家」	「つまらない現実家」

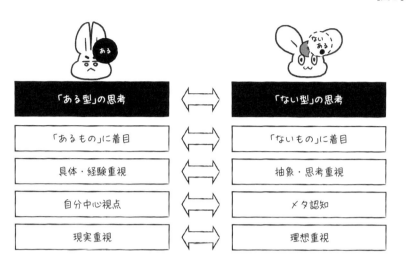

結しており、いかに快適にその家で暮らすかということに関心があります。「ない型」の人は、もっと広い視野で世の中を見ており、「世の中は広い」ことが身に染《し》みています。したがって、（これは視野の広い人と狭い人との間で常に起きる対立構図ですが）視野の広い「ない型」の人は、いつも狭い家の中に閉じこもっている「ある型」の人の視野を広げようと、必死で「世界の広さや外の世界のすばらしさ」を説きます。

対して「家の中が世界のすべて」の「ある型」の人からすれば、このようなアドバイスは「大きなお世話」以外の何物でもないと考えます。いまの家の中で十分に快適な生活が送れているのに、なぜ「外敵」や「得体の知れないウイルス」が蔓延《まんえん》している世界にドアを開けて出ていかなければならないのか、その意味がまったくわかりません。

もう一つの対立ポイントは、比較的「広く浅く」考えるのが得意な「ない型」と、「狭く深く」考える「ある型」の発想の違いです。

とくに「ある型」の人は、「ない型」の人の「浅さ」が耐えられません。「家」とは例えば「専門領域」の象徴です。「ない型」の人は専門領域がなく、非現実的でふわっとした夢物語ばかりを語っている人に見えるわけです。まさにこれが「ない型」の人にとっては理解できないところで、たとえ深くても、それは広い世界では役に立たないと思い、現実的なことを「退屈でつまらない」と感じるわけです。

このような「二つの思考回路」は、『ある』『ない』の実態」と、「多くの『ある型』の頭の中の実態」とのギャップとあいまって、世の中を動かしていきます［図8］。

［図8］

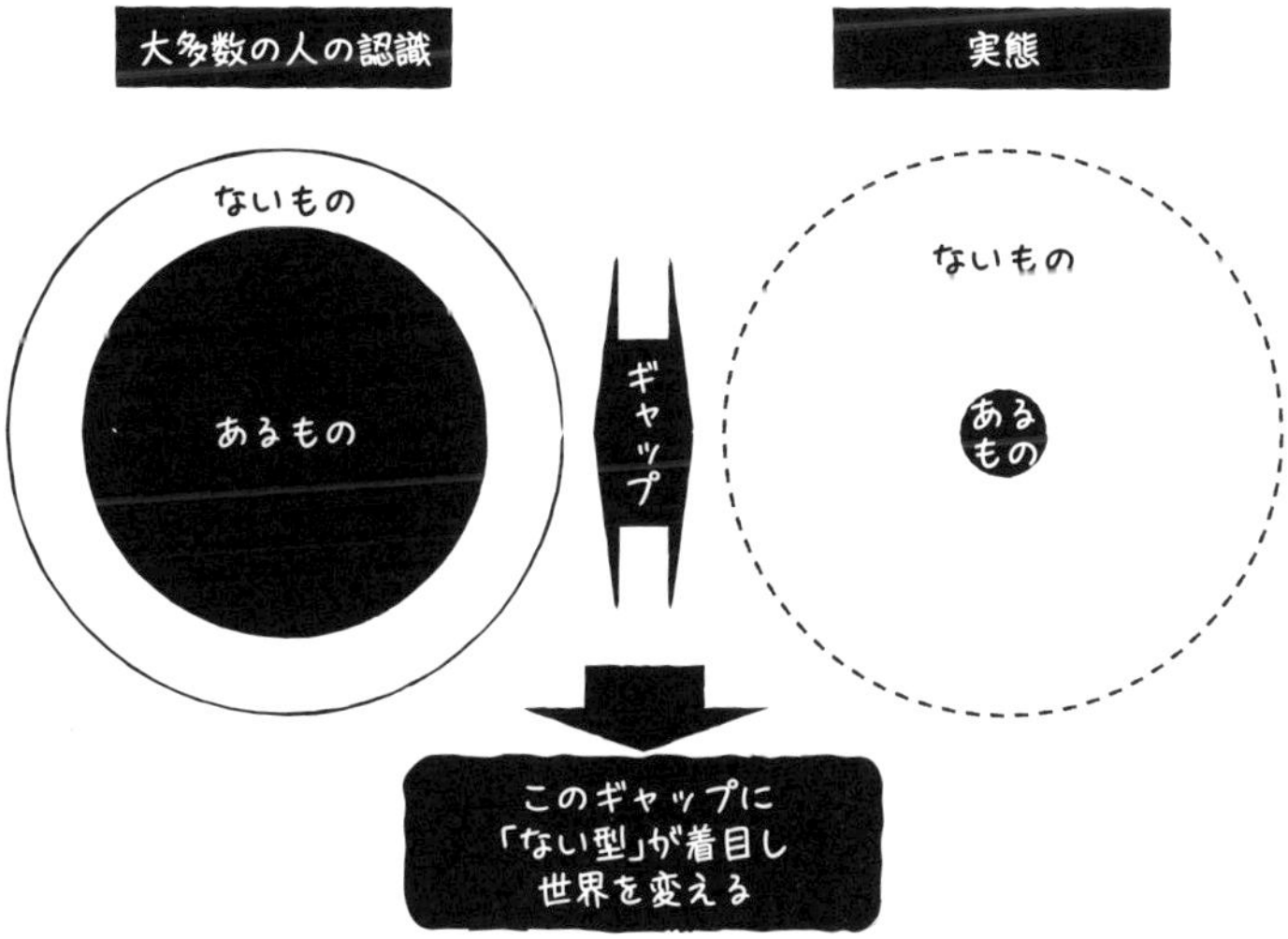
大多数の人の認識
実態
ないもの
あるもの
ギャップ
ないもの
あるもの
このギャップに
「ない型」が着目し
世界を変える

実際、このギャップは、社会のさまざまな場面で問題になったり、変革の原動力になったりしていますが、その具体例については第1章以降、個別に示します。

本書で用いる共通の模式図

本書では、「家にあるもの」と「家にないもの」のように、対称（同列）の関係のように対比されるが実は非対称である言葉のペアをとりあげます。そして、そこに「あるもの」と「ないもの」は何なのか、さらにそれらについての非対称性とその「非対称性のギャップ」が生み出すさまざまな課題について解説しています。

第1章以降では共通の模式図を用いるので、そのサンプルと見方を説明しておきます【図9】。

まず各章の比較対象（テーマ）を「AとB」という形で示し、その下には、「AとB」について、「何があって何がないのか」を示しています。

黒塗りの円が「ある」ものを示し、その外側は「ない」ものを示しています。点線の四角い囲みはあくまでも便宜上のもので、「ない」領域はどこまでも無限に広がっていると考えてください。ただし、そこに「外枠がある」という前提で考えるのが「ある型」の思考回路なので、各章に出てくる「ある型」と「ない型」の比較においては、「ある型」の描写には「外側の円」が存在し、「ない型」には存在していません（例えば図11）。

［図9］

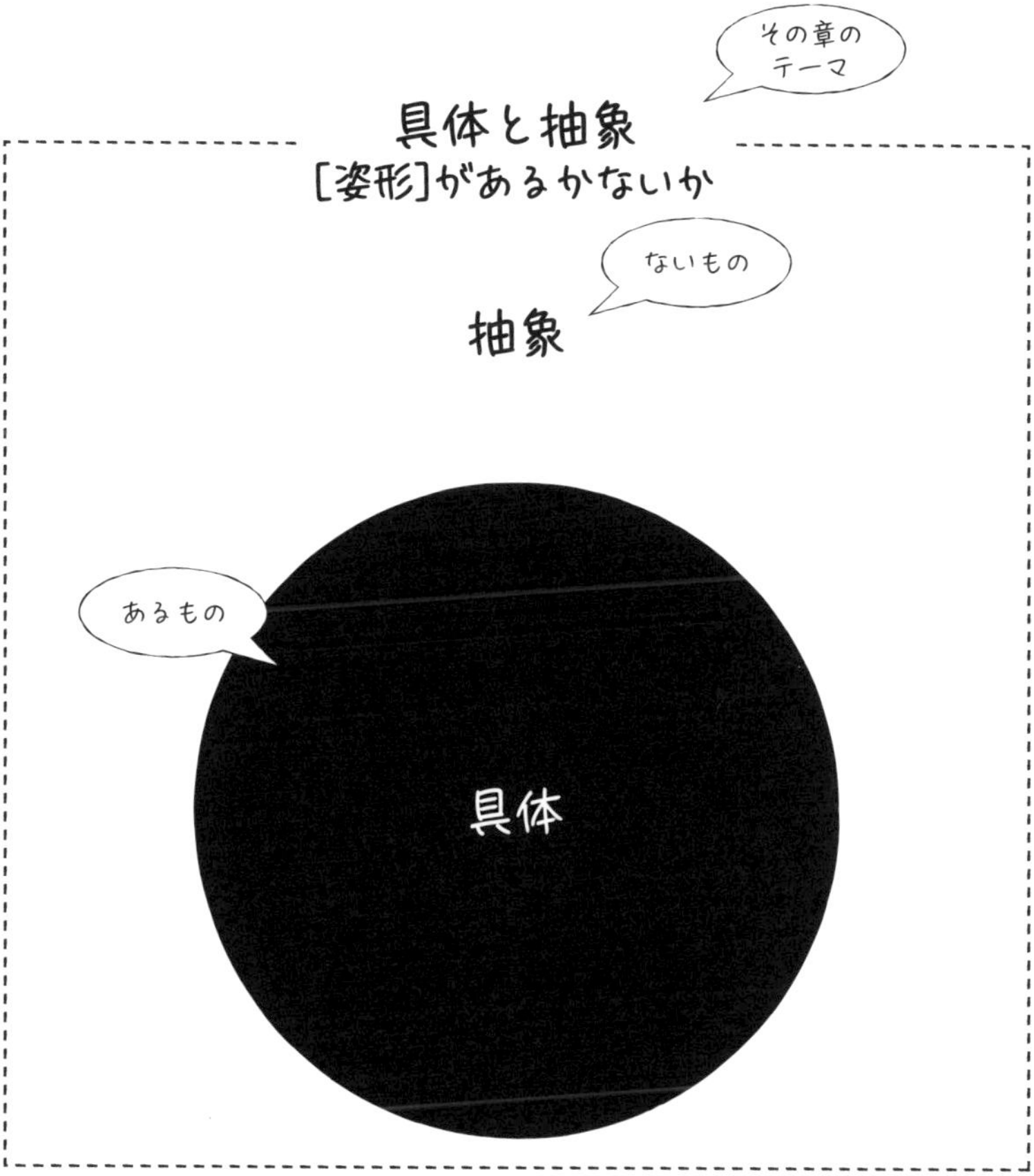

ちなみに「ある」と「ない」の関係は、とりあげ方次第でまったく逆にすることも可能です。例えば「安全」と「危険」という言葉のペアを考えてみましょう。「同等の反意語」のように語られることが多いのですが、「安全性があるかないか」という見方をすれば、「安全」のほうが「ある」ことになりますし、「危険性があるかないか」という見方をすれば「危険」のほうが「ある」ことにもできるということです。

つまり、本書で選んだ言葉のペアのうち、どちらが「ある」でどちらが「ない」かというのは、本書でいう（図3で挙げたような）「ある」と「ない」の特徴をどちらが有しているかで決まっていると考えてください。

それでは、さまざまな事例を見ていくことにしましょう。

第1章◉「答えがある」と「答えがない」

無意識のうちに幻想を抱いていないか

「正解」があるかないか

最初にとりあげる「ある」と「ない」の対象は、「正解」です。世の中には「正解がある世界」と「正解がない世界」があり、これらの関係が本書のフレームワークに従っているということです【図10】。「ある」と「ない」の対象は「正解」なわけですが、これを少し一般化して考えれば（「正解」より少し広い意味での）「答え」があるかないかの違いになります（「正解のあるなし」の世界観と「答えのあるなし」の世界観の違いについては後述することにします）。

「答えがある世界」と「答えがない世界」は、それぞれどのような世界で、どのような違いがあるのでしょうか【図11】。

まずは黒く塗りつぶした円の内側、「答えがある」世界を考えてみましょう。

最もわかりやすいのは学校の勉強で、「試験で理解度を測定することが可能である」世界です。漢字のテスト、英単語のテスト、歴史の年号のテストなど、これらのテストは正解があるがゆえに客観的に正誤の判定ができます。したがって採点が容易で、理解度を簡単に算出したり複数の人たちの間で比較したりすることができます。また資格試験や入学試験においては基準点の上下で「合否」というものが明確に分かれるという点で「境界がある」世界ともいえます。

[図10]

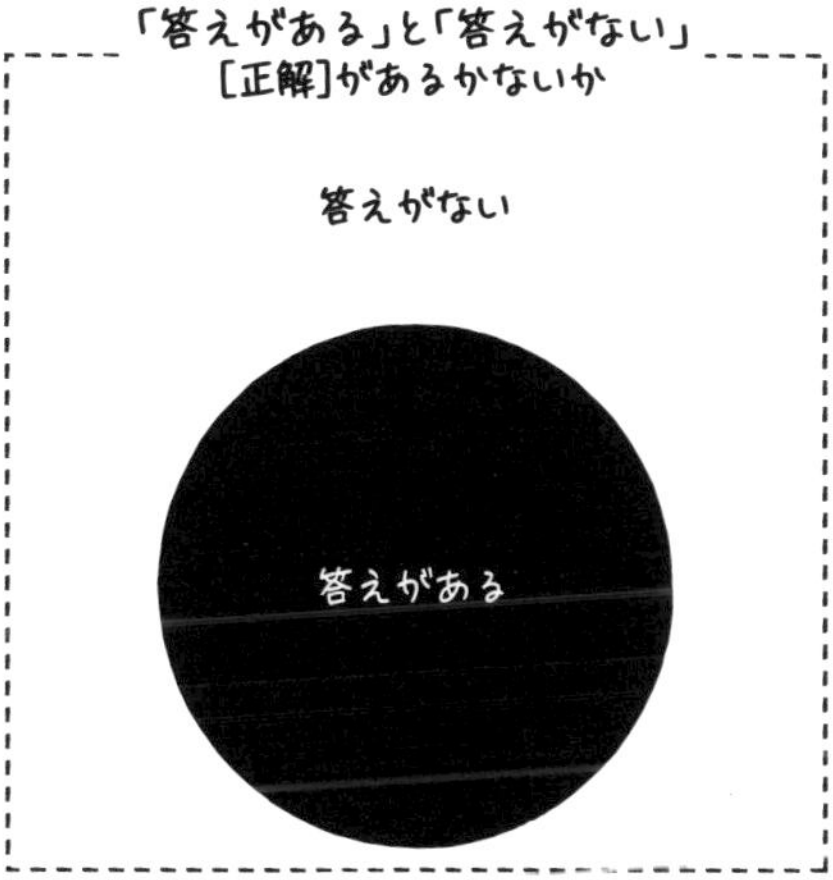
「答えがある」と「答えがない」
[正解]があるかないか
答えがない
答えがある

[図11]

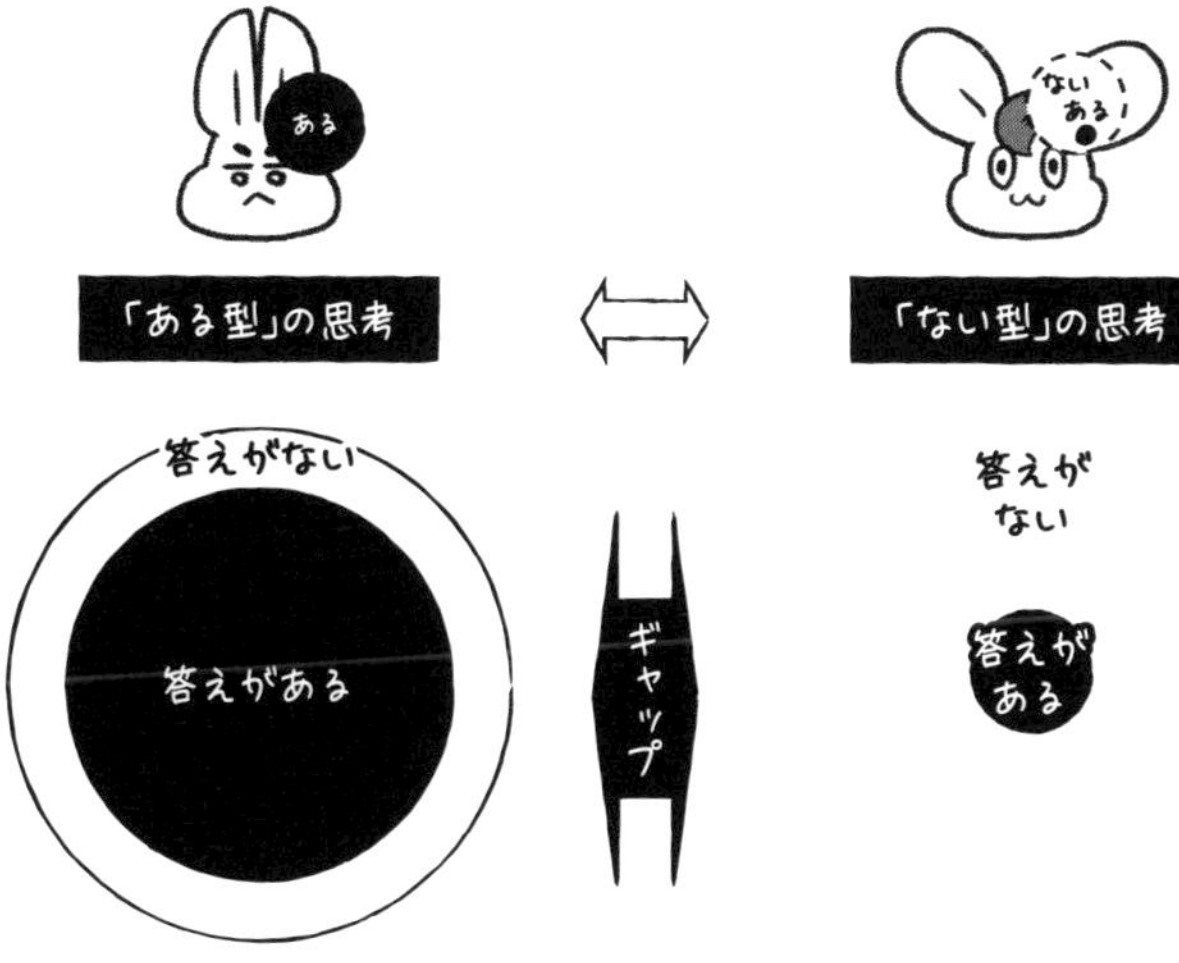
ある
ない
ある
「ある型」の思考
「ない型」の思考
答えがない
答えがある
ギャップ
答えが
ない
答えが
ある

仕事や日常生活でいえば、「ネットで調べればわかること」とか「だれかに聞けば教えてくれること」が「答えがある」世界です。

社会で起きる問題には正解がないとは、一般論としてはよくいわれる一方で、世の中のほとんどの問題に「正解がある」と思っている人は意外に多いのではないでしょうか。

わからないことがあればネットで調べてそれが「正解」だと思う、ネットやテレビで「専門家」が言っていることを「正解」だと信じてしまう、本を買えばそこに「こうすれば成功する」という正解があると思っている、尊敬している人に「どんなことをすれば、あなたのようになれますか？」という質問をするなど、このような言動はすべて「だれにもあてはまる正解がある」という前提で動いているようにしか見えません。

テレビのクイズ番組は圧倒的に「正解がある」問題ばかりです。「正解はないので、あとは皆さんで考えてください」などという番組を放送したら、おそらく視聴者からの非難で大炎上となることでしょう。

つまり、ここでも「実際には正解がない問題のほうが圧倒的に多いのに、大多数の人たちは正解があるという前提で動いている」（あるいは世の中を単純化して正解があると思いたい）という本書の基本的な仮説があてはまっているように見えるのです。

「お前は間違っている」の大合唱

では、このような認識のギャップからどんな問題が引き起こされているのでしょうか。ネットやSNSの世界では日々さまざまなコミュニケーションギャップが発生しています。それらの多くは、「自分は正しいが相手は間違っている」という前提に基づいているのではないでしょうか。このような世界観のもとでは、「いかに自分の正しさを主張し、相手の間違いを正すか」ということに力点が置かれてしまうのは明白です。

ここで、冒頭で触れた「『答え』と『正解』の関係」を考えてみましょう。

ネット上でコミュニケーションギャップを起こしている（「ある型」の思考回路の）ほとんどの人にとっては、「正解」というのは、「自分が正しいと思っている答え」であることが前提になっているのではないでしょうか。つまり、さまざまな答えがあるとは思っていても、自分が常に世界の中心にあり、自分が考えていることが（実際には数多《あまた》の「答え」のつなのに）「正解」だと思ってしまっているのです。そういう人がSNSにあふれれば、当然「お前は間違っている」の大合唱が起きることは間違いないでしょう。

次に、なぜ「自分の答え＝正解」という幻想を抱いてしまうのかを考えてみましょう。

私たちはとかく、「自分の立場で考えたら」という「前提条件」が抜け、自分の経験している世界が世の中のすべてだと思いがちです。

ここでいう「前提条件」とは、「大企業に勤めていたら」とか「地方都市に住んでいたら」とか「裕福でない家に生まれていたら」といったことです。例えば学校を卒業して、いわゆる「会社員」になり、一生勤め上げた人にとってはそれが「世界のすべて」だと思ってしまっても不思議はないでしょう。もちろん理屈上は自営業者もいればフリーターもいれば士業の人もいれば……ということはわかっていても、そのことによって「そもそも見えている世界が違っている」ことを理解することは相当難しいはずです。

このように、人は何かを判断する際に、無意識のうちに前提を置いて（そしてほとんどの場合、それは自分の環境や経験に基づいている）、「自分にとっての答え」を出していることに気づかないのです【図12】。

「ある型」の思考回路では、「正解がある」ほんの一部分の世界を、世界全体だと思い込んでしまうことが多いということです（この「暗黙の前提」については第16章でも解説）。つまり、ほとんどの問題に対する「答え」は「前提や状況による」ということになるのですが、「ある型」の思考ではここが見えていないのです（第16章の「部分を全体」にも通じます）。

絶対的に正解がある問題は世の中にほとんどないといってよい代わりに、前提条件を明確にすれば、進むべき道がほぼ見える問題も数多く存在します。

「DX（デジタルトランスフォーメーション）やAI（人工知能）が進展したらもう学校はいらない」

「高齢者よりも若者に投資すべきだ」

「日本はもっと軍事力を増強すべきだ」

こうした意見に対して、無条件で「正しい」とか「間違っている」と言いたくなった場

［図12］

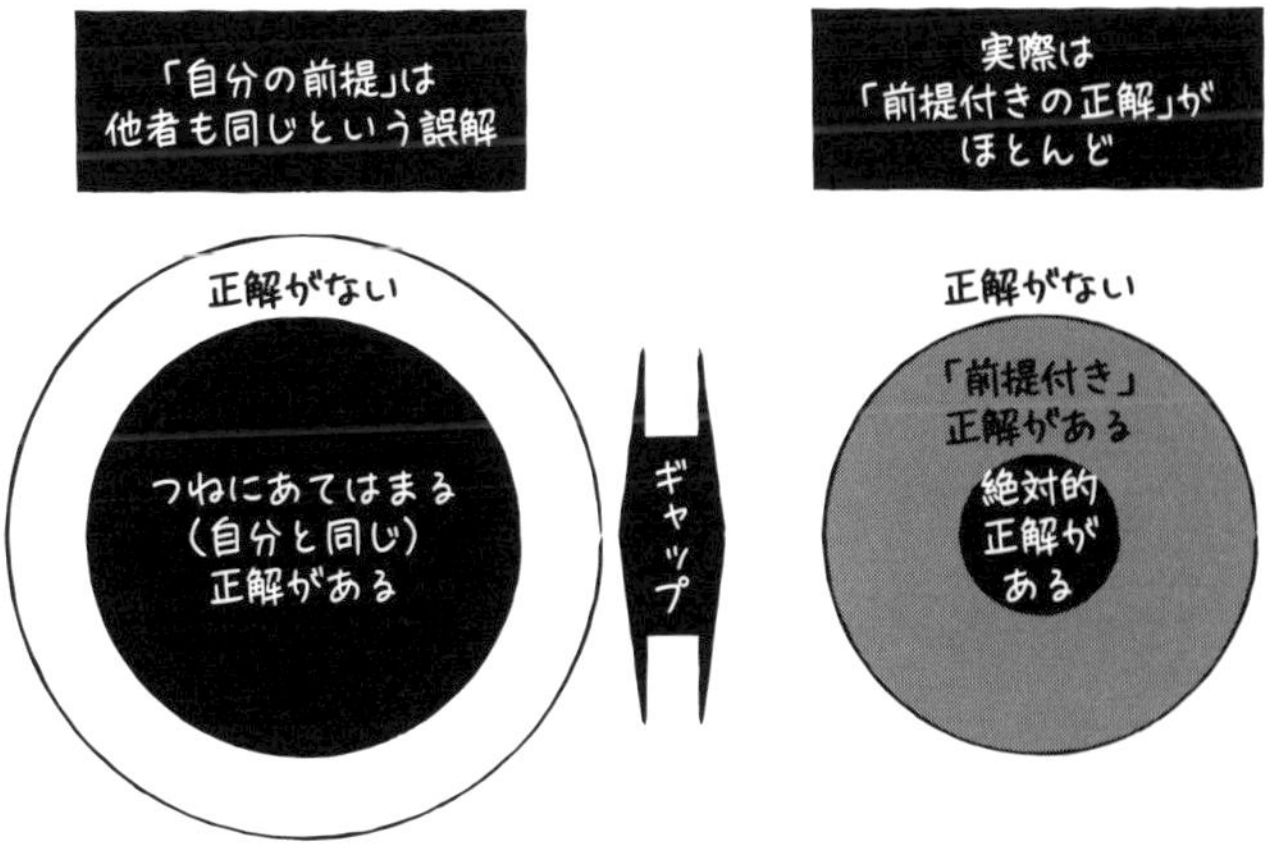
「自分の前提」は
他者も同じという誤解
実際は
「前提付きの正解」が
ほとんど
正解がない
つねにあてはまる
（自分と同じ）
正解がある
ギャップ
正解がない
「前提付き」
正解がある
絶対的
正解が
ある

合には、まず「それはどんな場合に？」「どんな前提条件で？」をしつこいぐらいに考え、さらに自分はなぜその前提で考えるべきなのか、自分の経験から少し離れて考えてみれば、自信満々の「お前は間違っている」は、少しは減るのではないでしょうか。

第2章◉問題解決と問題発見

「見えている」問題に気をとられていないか

「問題」があるかないか

「正解」の次にとりあげる「ある」と「ない」の対象は、「問題」です。「答え」があるかないかという範囲で考えている分には、「問題はある」という前提があります（基本的に「答え」というのは、「何らかの問題に対しての」と考えるのが自然でしょう）［図13］。

ここで「問題」といっているのは、広く社会において「解決すべき課題」を示しているると思ってください。つまり、私たちの日常生活や仕事は日々の問題を解決することであるといっても過言ではありません。

例えばお腹が減ったので食べ物を調達して食べる、糧《かて》を得るために仕事をする、そのために必要なPCを購入する、あるいは人間同士であればだれかを説得して一緒に行動してもらう、誤解があって怒らせてしまった友人との関係を修復するなど、日々の営みは多かれ少なかれ問題解決といってよいでしょう。

ではここでの「問題」が「ある」「ない」とは、どういうことなのか。

社会の問題は大きく二つに分けられます。一つは、すでにだれかが「これは問題だ」という形での問題提起をしていて、問題そのものが顕在化している場合です。もう一つは、まだだれからも提起されていないが実はこれが解決されれば人々の生活がよくなるという

[図13]

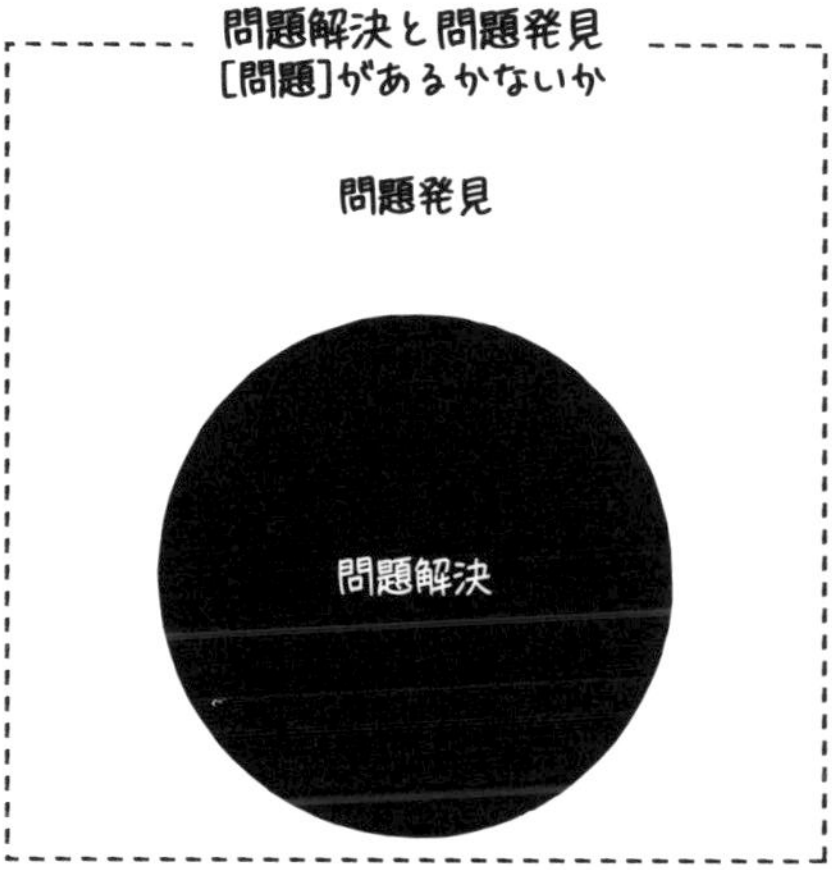
問題解決と問題発見
[問題]があるかないか
問題発見
問題解決

[図14]

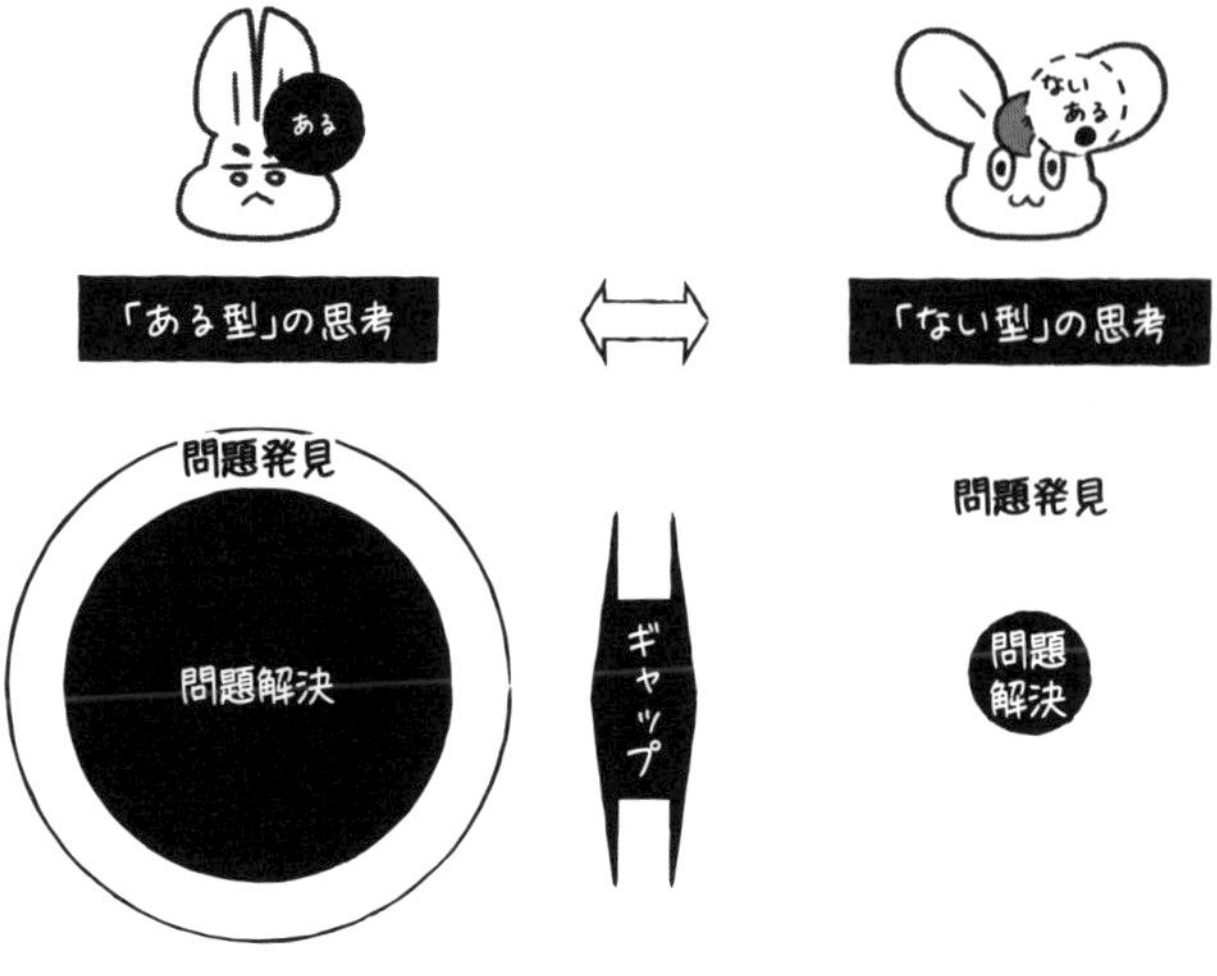
ある
ない
ある
「ある型」の思考
「ない型」の思考
問題発見
問題解決
ギャップ
問題発見
問題解決

ような「潜在的な問題」です。見えている問題と見えていない問題の違いといってもよいでしょう。

見えている問題に対処する考え方が「問題解決」、そしてまだ見えていない問題を一歩先回りして能動的に見つけにいく考え方が「問題発見」ということになります。

「問題解決と問題発見」という本章のテーマと「ある」と「ない」との関係が明らかになったところで、次は問題解決と問題発見の関係や、それらの性質の違いを解説していきます。

まず、問題解決と問題発見との関係ですが、問題はまず発見してからそれを解決するという視点からすると、まず問題発見があって、そこで見つかった問題を解決するという順序になります。一般に問題解決というと、このような問題を発見してから解決するという一連の流れを指すことも多いので、このような「広義の問題解決」には問題発見も含まれることになりますが、本書では、問題解決は「潜在的問題が認識されることで顕在化し、明確な問題として定義された後」の後半部分を指すことにします。

「問題がない」(顕在化していない)領域から発見された問題は、「問題がある」領域に移って問題解決の対象になるというのが、「問題がある」と「問題がない」の関係です。この結果として、問題解決の領域は次第に問題発見の領域に向かって拡大していくイメージです【図15】。

ここに、本書のベースとなっている「ある」と「ない」の非対称性が見えてきます。基

［図15］

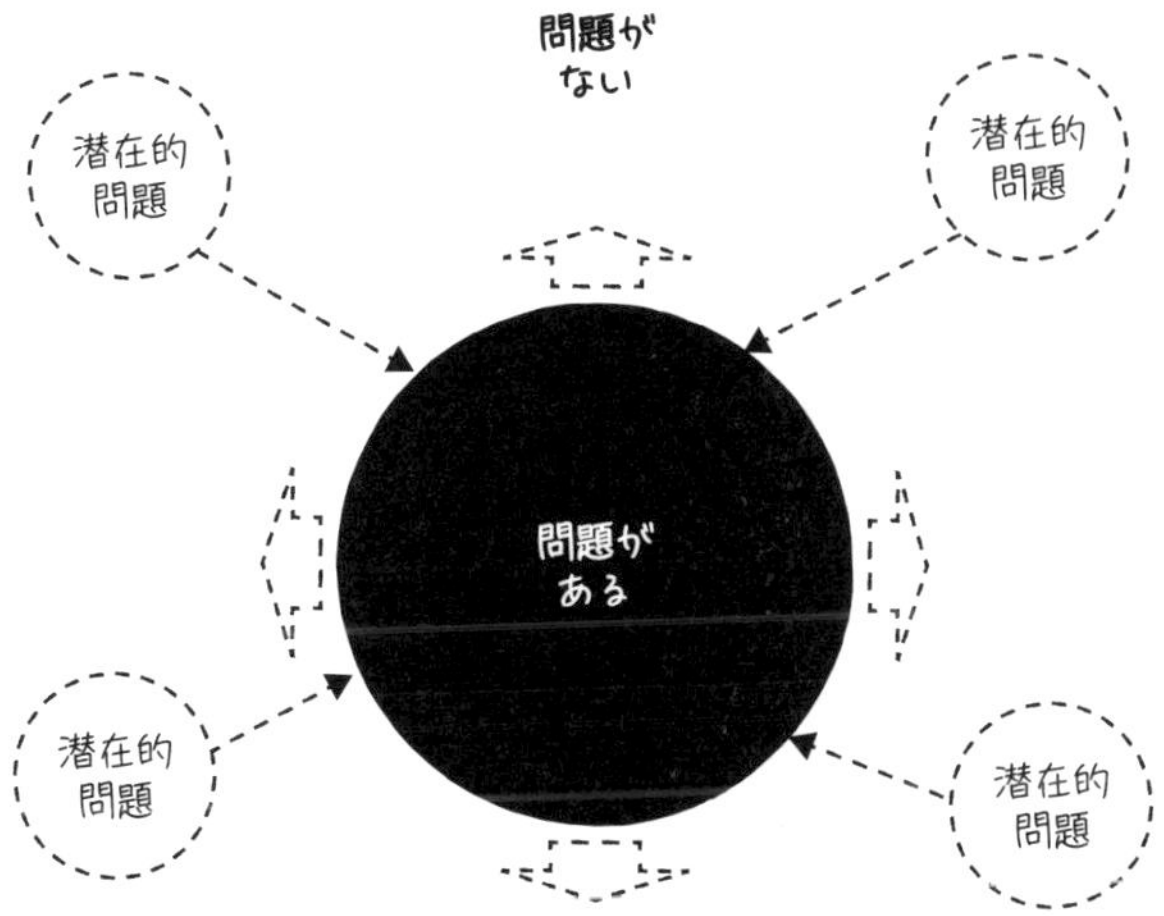
問題がない
潜在的問題
潜在的問題
問題がある
潜在的問題
潜在的問題

［図16］

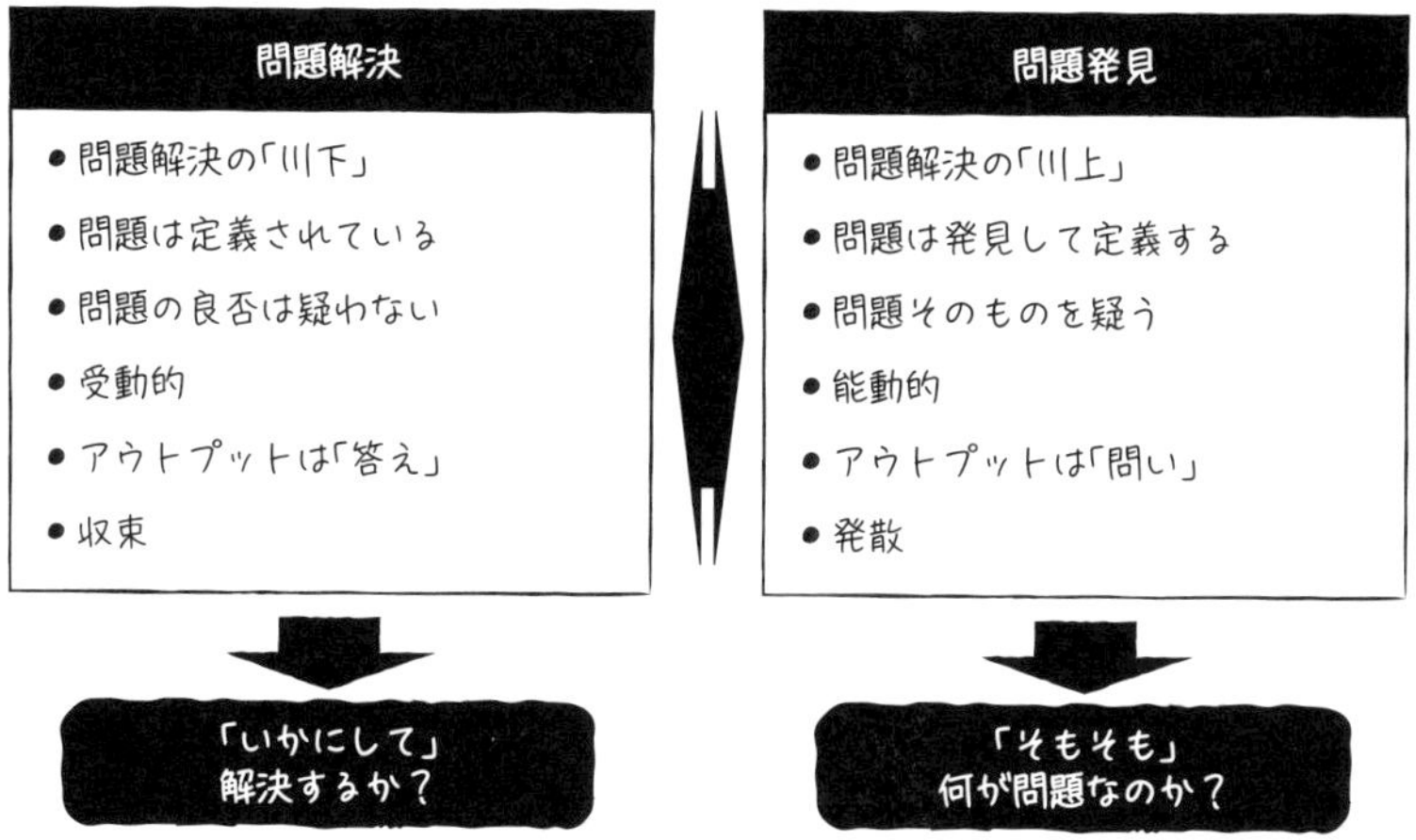
問題解決
●問題解決の「川下」
●問題は定義されている
●問題の良否は疑わない
●受動的
●アウトプットは「答え」
●収束
「いかにして」解決するか？
問題発見
●問題解決の「川上」
●問題は発見して定義する
●問題そのものを疑う
●能動的
●アウトプットは「問い」
●発散
「そもそも」何が問題なのか？

本的には問題発見から問題解決、つまり「ない」から「ある」への一方通行です。さらにこれが前章の、答えが「ない」から「ある」への一方通行につながっていきます。世の中のさまざまな問題は、潜在的なものが顕在化され、それが解決されていくという流れをとっていきます（もちろん、顕在化したものの途中で滞留し、いつまで経《た》っても解決されない問題というのも多数存在します）。

このような関係の両者ですが、基本的なアプローチに大きな差があります。川上側から川下側にスムーズに流れているようでいながら、前半と後半では大きなギャップがあります。川上で「『そもそも』何が問題なのか？」と考える問題発見と、川下で「与えられた問題を解決する」問題解決とでは、対照的といってよいほどアプローチの違いがあるのです［図16］。

受動的で従順な姿勢が求められる問題解決と、能動的で懐疑的な姿勢が求められる問題発見というのがその代表的な断面ですが、ほかにも基本的なアプローチに大きな差があります。圧倒的に「ある型」の問題解決の思考回路を持った人が多い背景には、長年の学校教育で「問題は与えられるもの」であり、与えられた問題をいかに効率的に正解に導くかという思考回路にどっぷりつかってしまった（受験勉強がその典型です）結果も大きな要因として考えられます。

また、「ある」と「ない」の図でいえば、問題解決は「『円の中』を最適化する」というミッションであるがゆえに、「内向きで答えに収束する」ほうへと向かいます。これに対して問題発見は、『『円の外』に向かって全方位に探索する」ことがミッションであるがゆえに、「外向きに発散させる」ほうへと向かいます。

また、「与えられた問題を解決する」のと「自ら問題を発見しにいく」の関係性においては、後述する「受動と能動」（第11章）にも通じるものがあります。

このような差があるなかで、本書のフレームワークでこれらを見てみると、実際に見えない問題は身の回りで膨大な領域を占めているにもかかわらず、多くの人は見えやすい「すでにある問題」のほうに気を取られるという構図になります［図14］。

求められるのは「解決」より「発見」

では、このような認識のギャップからどんな問題が引き起こされているのでしょうか。

この図はいまの日本が直面している課題を象徴的に示しているともいえます。それは、「問題解決」の対象領域、要は問題が可視化されている領域の相対的な大きさは時代や環境によって変化するからです。ではどんなときに問題解決の割合が増えて、どんなときに問題発見の割合が増えるのでしょうか？

問題解決の割合が多いということは、解くべき問題がある程度決まっていて「問題発見＝未知の領域」が限られているという状態です。それはとりもなおさず、時代の変化が少ないときといえます。逆に変化が激しいときほど、問題発見の領域の割合が増えていきます。

例えばビジネスの世界でいえば、安定している環境では顧客から毎年同じような依頼が来ます（例えば機械の更新やシステムのアップデート、決まった部品の納入など）。そのような場合には、わざわざ新たに問題を見つけなくても仕事はいくらでもあります。

ところが、現代のようにDXやAIなどの新しいテクノロジーの進展に対して迅速に対応していかなければならない環境下では、顧客の側も何を頼んでよいのかわからず、「何か最新技術を使った先進ソリューションを紹介してほしい」といったような、あいまいな依頼が増えてきます。顧客が不満や要望を明示していない状況で、潜在的な課題を見つけてそれを先進的なテクノロジーで解決する提案をする必要があるわけです。

さらにAIが飛躍的に発展した時代には、「問題解決」では圧倒的にAIの出番が大きくなってくるでしょう。そうなると重要なのは、「そもそもAIに何の問題を解かせるのか」という「問題発見」の能力になってきます。

ここで、本章で述べた「ギャップ」が問題となります。学生時代から社会人に至るまで、「言われた問題を解決する」ことに慣れてきた人は、いきなり「何か提案してほしい」と言われたら、どうでしょう。それまでほとんど「ある世界」で生きてきたのですから、「ない世界」でどのようにふるまったらよいのか、わからないでしょう。

こうした構図の具体例を、次章で示しましょう。

第3章◉カイゼンとイノベーション

「比較表」的な世界観の限界

「変数」があるかないか

問題解決と問題発見の違いの応用例を挙げましょう。それが「カイゼン」（改善活動）と「イノベーション」の違いです。カイゼンというのは自明ながら日本語の「改善」から来ています。製造業を中心とした二〇世紀の日本の強さを象徴するのがこの「改善活動」でした。この時代、Kaizenという語は英語の辞書にも載るほどにグローバルなコンセプトとして名を馳《は》せました。

本書では、こうした「改善活動」の来歴から、「イノベーション」に対しての「カイゼン」と象徴的に表現することにします［図17］［図18］。そしてこの対比は、「問題」と関連しています。

「カイゼン」と「イノベーション」は、『変数』があるかないか」でとらえることができます。ここで「変数」といっているのは、例えば工場でいえば「コスト」「不良率」「稼働率」、あるいは「生産リードタイム」といったような数値化された指標のことです。製造業の現場では、往々にしてこのような指標を「解くべき問題」として設定します。例えば「不良率○○パーセント以下達成」とか、「生産リードタイム○日以内」などです。

工場以外の職場や日常生活でも、「売上」や「体脂肪率」のように、目標が数値化されることは少なくないでしょう。解決（改善）すべき「問題」（事業の成功や健康の維持など）

[図17]

カイゼンとイノベーション
[変数]があるかないか
イノベーション
カイゼン

[図18]

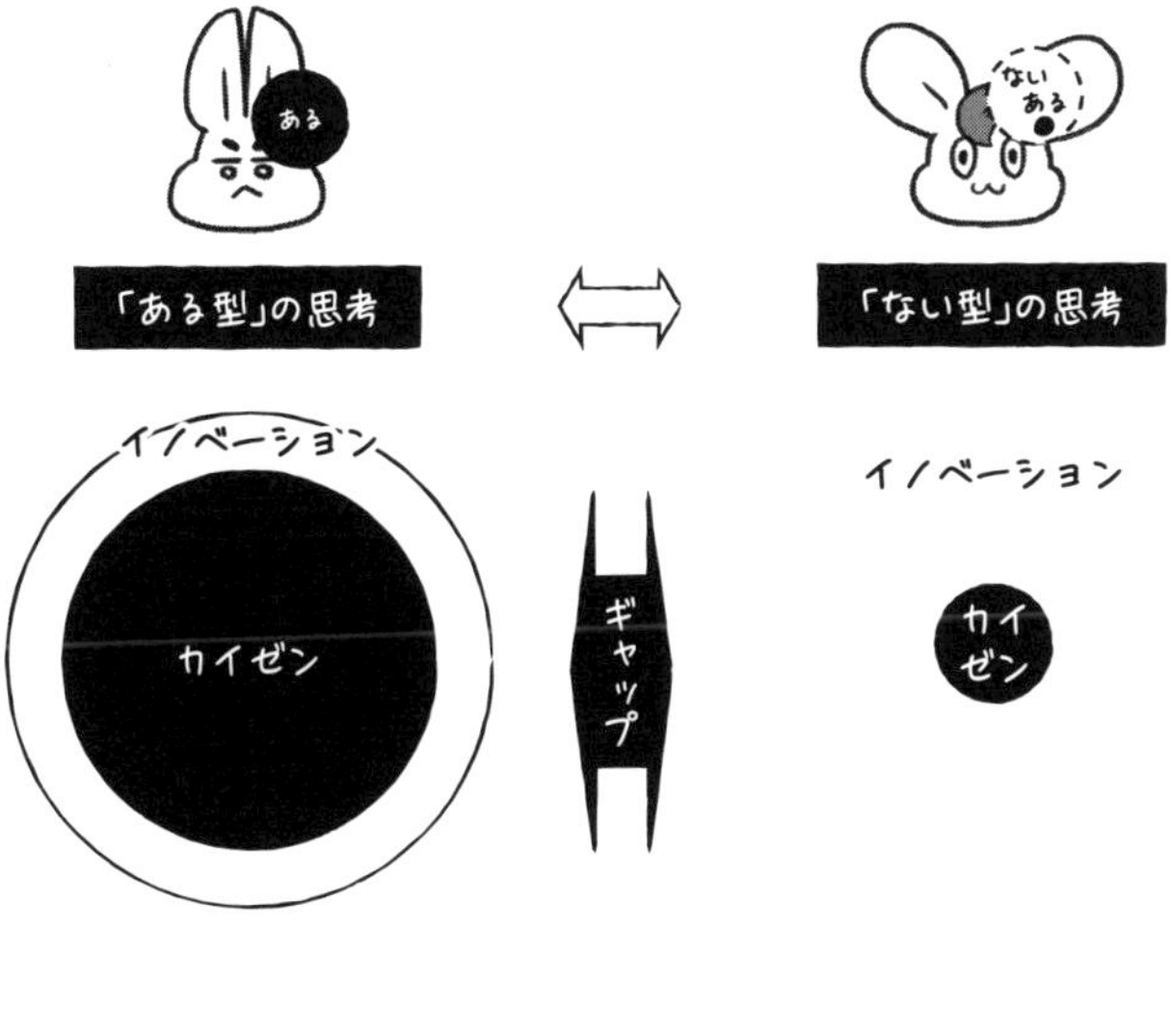
ある
ない
ある
「ある型」の思考
「ない型」の思考
イノベーション
カイゼン
ギャップ
イノベーション
カイゼン

は、特定の「変数」によって定義できるということです（もちろん世の中には、変数によって定量的に定義することができない問題も多数存在します）。

目標が特定の変数で定義された問題は集中して取り組みやすく、そこで定義された「いまある変数」を「もっとよくする」という、いわば比較級の問題に帰着させることができます。すでにあるこのような変数に関してはどのようにすればベターにできるかというノウハウなどはある程度蓄積されているので、あとは「勤勉にコツコツと」その作業にひたすら取り組めるかが勝負となります。

これが二〇世紀の日本人の気質とも合致して競争力の源泉となり、世界に誇る高品質の製品を次々と生み出していったわけです。

このような世界観では、製品やサービスの開発というのは、いまある変数を並べて、いかにそれを最適化して競合より優れたものを作るかという、いわば「比較表」型の製品・サービス開発となります【図19】。つまり、カイゼン型の製品・サービス開発では常に比較表的発想で競合より優れているとか劣っているという議論になります。

これに対して、「いまない変数」を新たに創出することを目的とするイノベーションでは、そもそも他社が持っていない変数（図19のXやY）を生み出してそこで差別化しようとします。

「既存の変数」を最適化するのか、「新たな変数」を見つけにいくのか。先の「問題解決」と「問題発見」を「既存変数の最適化」と「新規変数の創出」とに置き換えてみれば、ほ

[図19]

	変数	当社新製品	競合A社製品	競合B社成否
「いまある変数」の最適化	A	100	80	90
	B	80	90	100
	C	90	90	100
	D	100	90	80
「いまない変数」の創出	X	○	―	―
	Y	○	―	―

[図20]

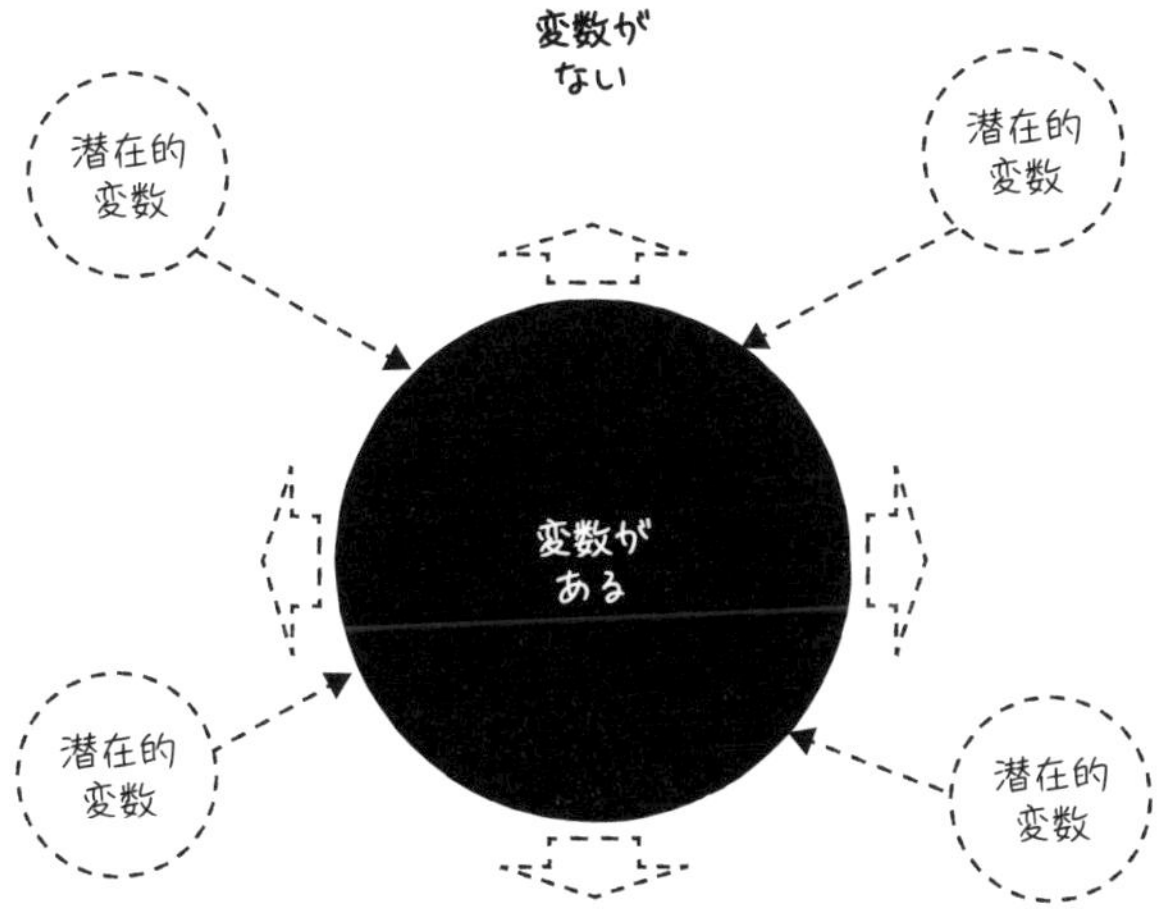

とんど同じ構図であることがわかるでしょう【図15】【図20】。

人材の需給ギャップで行き詰まる

ではこのような認識のギャップからどんな問題が引き起こされているのでしょうか。

先の「問題解決と問題発見」（第2章）のところで、いま日本が直面している課題を象徴的に表現した「ある型」思考と「ない型」思考のギャップ図【図14】を示しましたが、図18は、それを少し具体レベルに落とした表現になっています。

この図の各々の「面積」は、各々が得意な人たちの割合を示しているといってもよいでしょう。実際には、「新しい変数を模索する」型のイノベーションがいまのＤＸやＡＩの時代に求められているにもかかわらず、「ある変数を最適化する」ことが得意な人材のほうが圧倒的に多いということです。これは人材の需給ギャップを端的に表現したものといえるでしょう。

安定した環境下、不確実性の少なかった時代は、「外枠」がある程度決まっていました。したがって、「ある型」の世界観でカイゼンを続けることの意味合いが大きかったでしょう。しかし、変化が激しく「外枠が定まらない」時代になってくると、「ない型」の世界観が重要になってきます。それにもかかわらず、「ある型」の思考からなかなか抜けきれないのが日本のビジネス界が行き詰まっている原因の一つとも考えられます。

第4章◉レッドオーシャンとブルーオーシャン

壮絶な「シェア争い」のなぜ

「市場」があるかないか

「レッドオーシャン」と「ブルーオーシャン」は、ビジネスの現場、とりわけ経営戦略を語る上で頻繁《ひんぱん》に用いられる言葉です。もともとは二〇〇四年にINSEAD《インシアード》（欧州経営大学院）教授のW・チャン・キムとレネ・モボルニュによって著された世界的ベストセラー"Blue Ocean Strategy"（邦訳版『ブルー・オーシャン戦略』ランダムハウス講談社、二〇〇五年。後に［新版］としてダイヤモンド社刊）で広まった言葉です。

簡単にいえば、レッドオーシャンとは、「血で血を洗うような」（レッドは血の赤から来ている）競争の激しい市場のことで、対するブルーオーシャンは未開拓で競争相手もいなくて「のびのびと泳げる青々とした」市場を指します。

同書ではブルーオーシャンの成功事例として任天堂のWii《ウィー》もとりあげられています。「競争相手がいない独自製品」のイメージがつかめるでしょう。

本書の「ある」と「ない」にあてはめれば、レッドオーシャンは「市場がすでにある」状態を指し、ブルーオーシャンは「市場が（まだ）ない」状態を指します。

ここまで読んできた読者は、お気づきでしょう。潜在的な市場は限りなく存在しうるのに、大多数の人は「いまある市場」で壮絶な「シェア争い」を繰り広げます。圧倒的に「いまあるもの」に目が行ってしまうという人間心理はここでも見事にあてはまります

［図21］

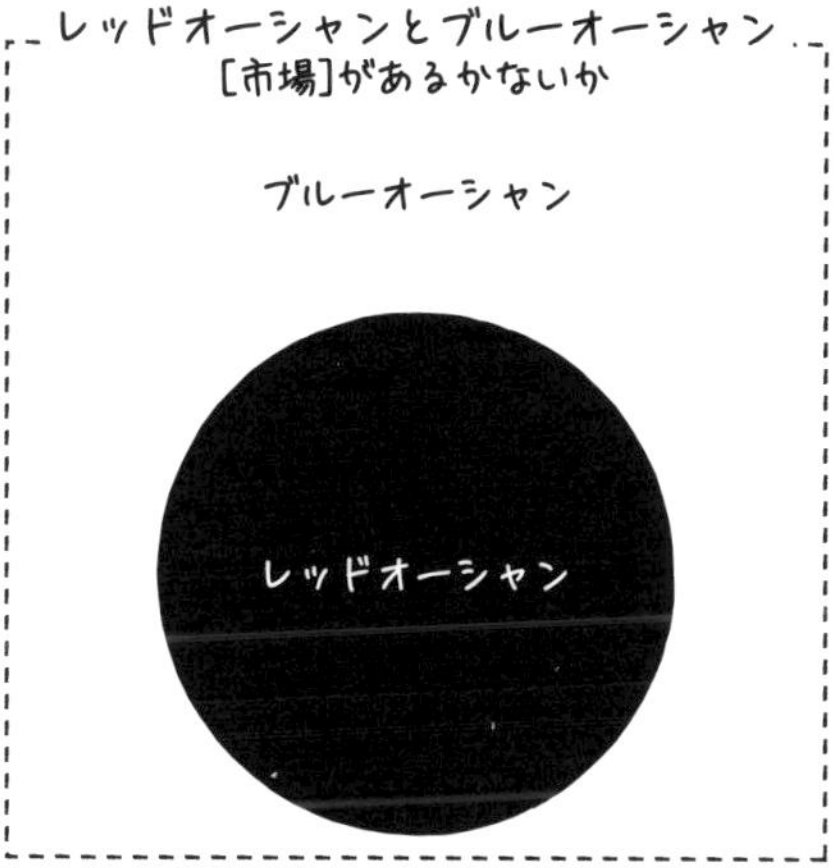
レッドオーシャンとブルーオーシャン
[市場]があるかないか
ブルーオーシャン
レッドオーシャン

［図22］

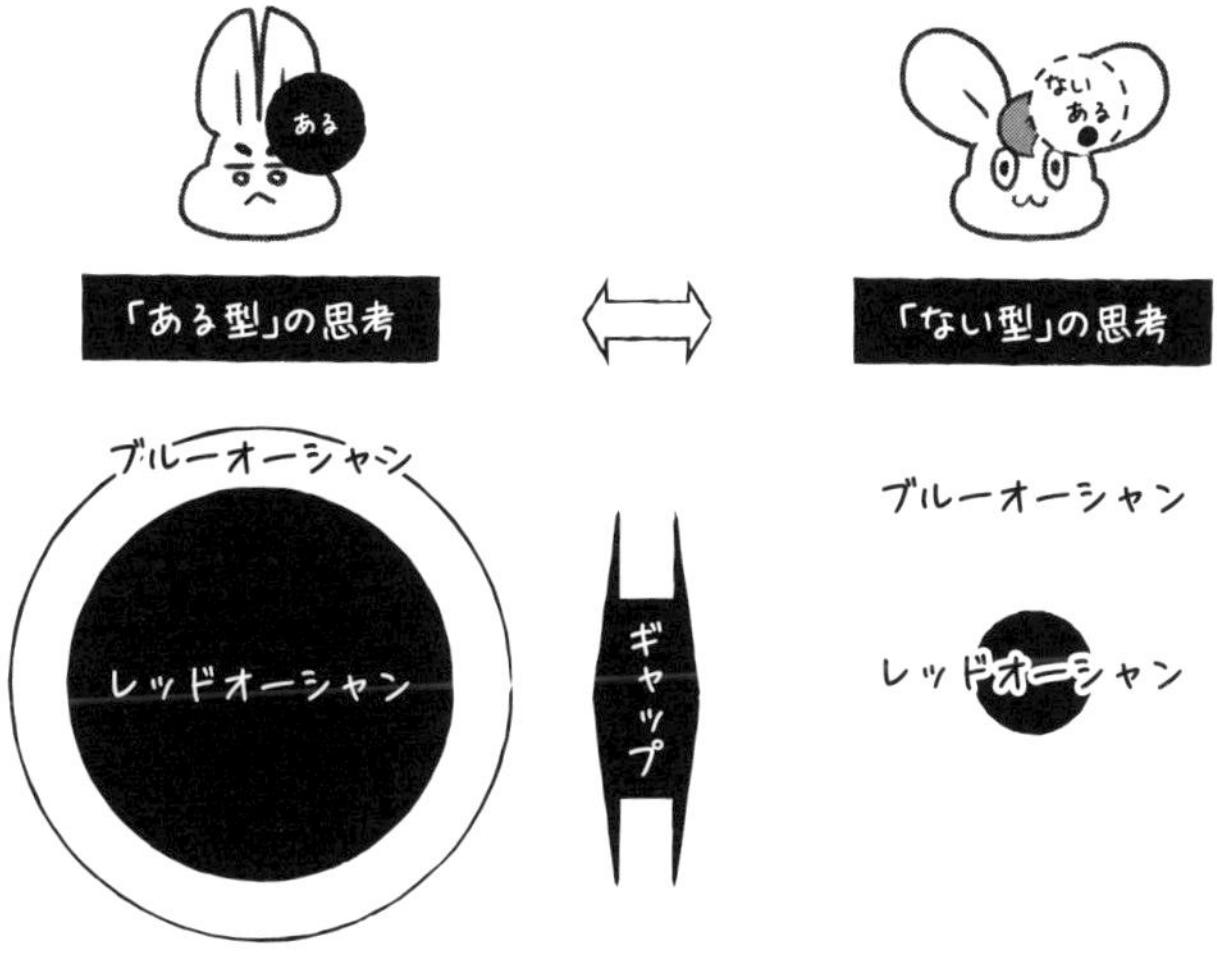
ある
ない
ある
「ある型」の思考
「ない型」の思考
ブルーオーシャン
レッドオーシャン
ギャップ
ブルーオーシャン
レッドオーシャン

［図21］［図22］。

“Blue Ocean Strategy”には、これらの「市場」の比較がわかりやすく示されています［図23］。

ビジネスでは日常的に、このような対立構図が発生します。新商品を企画・発売するときには「市場があるかないか」が議論となりますし、もう少しミクロのレベル、とくに小売りの現場では、「この商品はどの棚で売るのか？」という議論が起きます。「市場」を「棚」と置き換えれば、このような思考法がどのようなものか、理解しやすいと思います。

既存市場で営業している人は、「どの棚をとるか」に腐心しています。いかに目立つ棚を他社から奪ってくるか、まさに棚が「レッドオーシャン」になっているわけです。当然ブルーオーシャン派は、端《はな》からそんな発想はなく、「棚は作るもの（新しい棚の置き場とその「売り場名」を創造する）」と考えます。

それでも「レッドオーシャン派」が多数

ブルーオーシャンで「新規事業」を立ち上げようとしているときに求められるのは「他社事例」と「市場データ」。このような笑えない笑い話は日本中の会社で起こっています。その根本にあるのがこのような「ある」と「ない」の思考対立とそのような構図に気づいていないことです。

[図23]

レッドオーシャン戦略	ブルーオーシャン戦略
既存の市場空間で競争する	競争のない市場空間を切り開く
競合他社を打ち負かす	競争を無意味なものにする
既存の需要を引き寄せる	新しい需要を掘り起こす
価値とコストの間に トレードオフの関係が生まれる	価値を高めながら コストを押し下げる
差別化、低コスト、 どちらかの戦略を選んで、 企業活動すべてをそれに合わせる	差別化と低コストをともに追求し、 その目的のために すべての企業活動を推進する

出典：『[新版]ブルー・オーシャン戦略』(ダイヤモンド社)

とくに「市場があるビジネス環境」で長年生きてきたビジネスパーソンは、それが世界のすべてだと思ってしまう傾向があります。「市場があって当たり前」という感覚は、「空気があって当たり前」に近いものがあります。世の中、「市場がない（これから作る）世界」があり、そこではこれまで生きてきた（世界で一つだと思っていた）常識は通じずに非常識なことを実践しなければなりません。ここでも自らを客観的にメタ認知（俯瞰《ふかん》）して「世界はもっと広い」ことを認識することが、レッドオーシャン派の人には求められます。

逆にブルーオーシャン派の人は、「レッドオーシャンが世界のすべて」だと思っている人が実は多数派であることは認識しておいて損はないでしょう。

人間はよほど群れるのが好きなようです。大海原《おおうなばら》があるにもかかわらず狭い生《い》け簀《す》の中に群れる、都会に人が集中する、人気店の前に（ネットに紹介された瞬間に）大行列ができる。一方で、となりのお店はガラガラといったシーンは身の回りにあふれているでしょう。

「ない型」（というよりは何の先入観もない）宇宙人がやってきて日本人を観察したら、超レッドオーシャンの通勤電車や一二時前後は座ることもできない飲食店、土日だけ大行列のテーマパークを目にしてきっと不思議に思うに違いありません。

第5章◉具体と抽象

知的能力が厄介な副産物を生む

「姿形」があるかないか

具体とは、簡単にいえば目で見たり触ったりすることができる実際に存在しているもののことなので「姿形《すがたかたち》」があるもの、対する抽象は、概念など「姿形」がないものとして、対比を考えてみることにします［図24］［図25］。

具体と抽象について語るうえで、再び本書冒頭の「家にあるものとないもの」の問題を思い出してください。「家にあるものは？」と聞かれてほとんどの人が思い浮かべたのは「具体的なもの」だったかと思います。家具や文房具、あるいは食器や寝具等、直接見えるものや、思い浮かべてイメージできるものが具体的なものであり、これらは圧倒的に考えやすいという点にはほとんどの人が賛成してくれるでしょう。

では、その「家にあるものとないもの」の問題で、抽象を使う場面はあったでしょうか？「家にないもの」を考える問題では、多くの人が抽象を使って考えたかもしれません。それは例えば、「家に入らないほど大きいもの」を、あるいは「目に見えないもの」や「未来のもの」という形で、答えを探したりしたでしょう。これは、「〇〇のもの」という形で分類して「まとめて一つ」として扱う、という頭の使い方です。

これが抽象の世界を経由した「ものの見方」であり、「姿形がない」世界に視野を広げるための「ものの考え方」です。つまり抽象の世界では、ぼんやりしていて明確な姿形は

[図24]

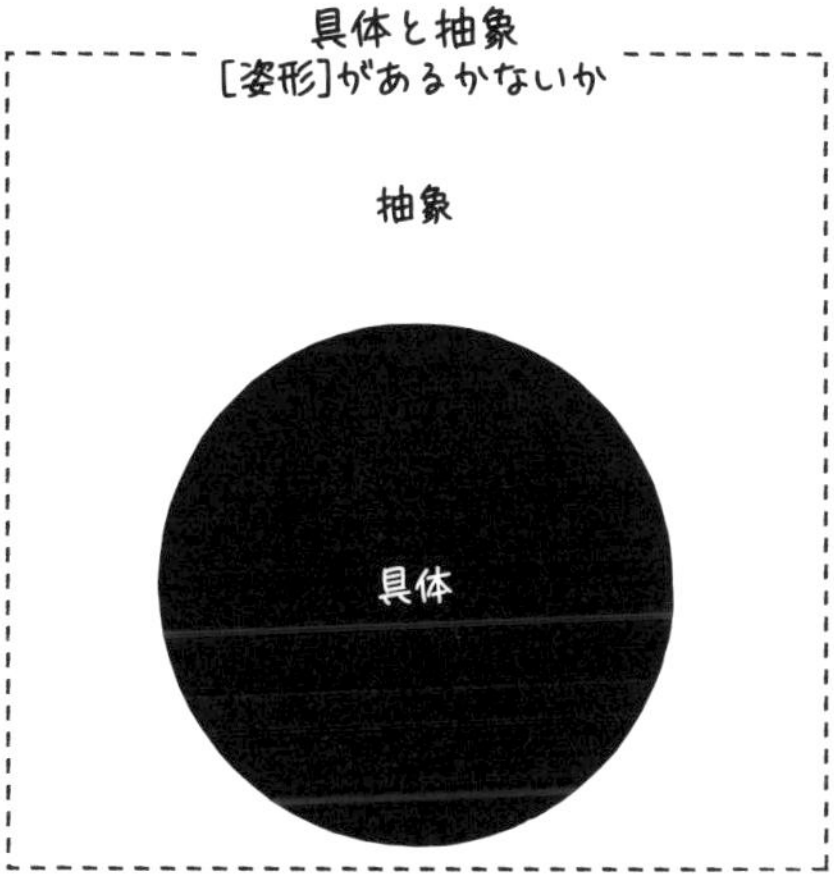

[図25]

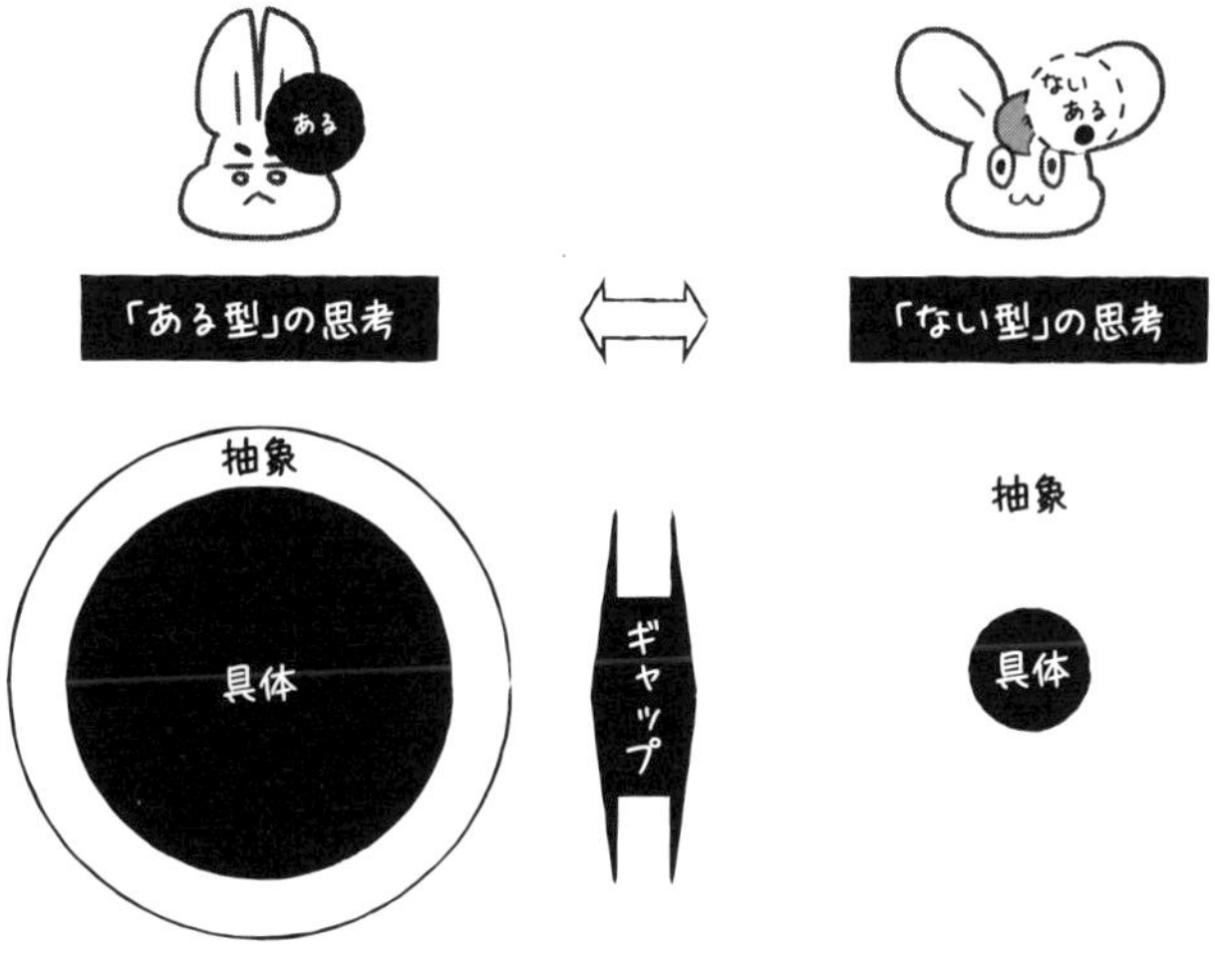

ありませんが、例えば「大きいもの」といえば、経験からくる具体的なものに比べると応用範囲が圧倒的に広がるという側面があります。

この構図は、私たちが何かを考えてリストアップしたりするとき全般にあてはまるといってよいでしょう。イメージしやすいので短時間でたくさんリストアップできるが、経験をもとにしていることが多いので限られた狭い範囲のことしか語れないのが具体で、イメージがぼんやりとしていていてリストアップに時間はかかるが、応用範囲が大きく広い視野で考えるきっかけをつくれるのが抽象です。

ここで改めて、「具体と抽象」とはどのような関係かを見ておきましょう。

まずは基本的かつ典型的な具体と抽象の関係例を示します【図26】。

ライオン、カメ、カエル、魚、小鳥……といった個別「具体」をまとめて一つに扱うのが動物という「抽象」概念であるという関係です。同様なことは、「野菜」や「果物」、あるいは「家具」や「自然」など、言葉で表現されているものはすべてこの構図が成り立つといってよいでしょう。つまり「言葉」という抽象は、身の回りの自然現象や人間の行動という個別具体的なものを「同じようなものを一つにして概念化する」という機能を持っているのです。

このような関係から、「具体」と「抽象」の特徴をまとめてみましょう【図27】。

ここでも「家にあるものとないもの」の例題を思い出しながら比較してみてください。

「具体」とは五感で感じられる「実体」があるもので、逆に「抽象」とは五感で感じるこ

[図26]

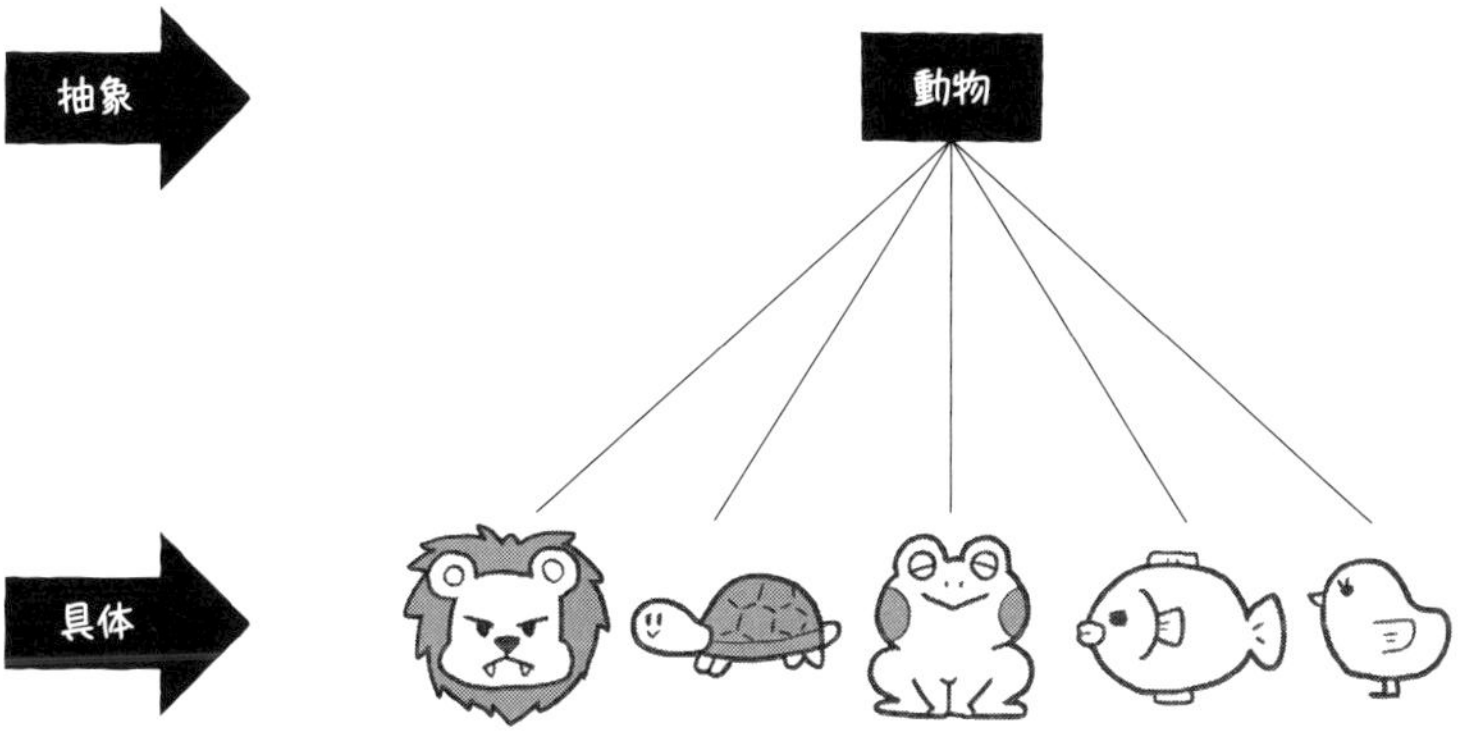

[図27]

具体	抽象
● 五感で感じられる	● 五感で感じられない
●「実体」と直結	●「実体」とは乖離《かいり》
● 個別事象	● 複数事象間の関係・構造
● 一つ一つ違う	● まとめて同じ
● 解釈の自由度が低い	● 解釈の自由度が高い

とができず、「実体」がないものです（これが本章で「姿形」と表現されているものの意味です）。

そして「動物」の例からわかるように、具体とは「個別ですべて違う」ものであるのに対して、抽象とは複数のものを関係づける思考で、その一つの例が「同じものをまとめる」という関係づけです。

言葉は抽象の代表例ですが、「数」や「お金」といった私たちの日常に欠かすことのできないものも抽象の代表例です。このような「言葉」「数」「お金」が抽象の代表だとすれば、一見具体的なものに囲まれているように見える私たちの生活が、いかに抽象に支配されたものになっているかがわかるでしょう。

動物と人間との違いである知的能力の大部分は、この抽象を扱えることであるといっても過言ではありません（知的能力の大部分が抽象の代表的産物である「言葉」と「数」から成り立っていることからそれは明らかでしょう）。

いうまでもなく、動物には言葉や数やお金といった概念は、人間のレベルでは基本的には存在しません。動物も一部「言葉」を用いますが、それは抽象化のともなった人間でいう「言葉」というよりは、鳴き声や雄叫《おたけ》びなど、人間でいう擬態語、擬声語に近いものといってよいでしょう。

このように、動物と人間との差を決定的に分けるものの一つが抽象概念を扱えるかどうかということなので、「高度な知的能力で圧倒的に豊かな生活を営むことができる」という動物に対する優位性の源泉となっていますが、同時に、とんでもなく厄介な副産物も生み出しています。

高度な知的能力があるがゆえに、大きな集団を作って大規模な戦争を繰り返したり（もちろん大きな集団には計り知れないメリットもあるのですが）、何千年も前からの民族の遺恨《いこん》のために憎しみが絶えないということもあります。そして、近年大きな社会問題となっている「格差社会」の原因の一つとして人間の生活に占める抽象概念の大きさが挙げられます。

動物と人間との差として抽象概念の大小がある一方で、さらにそれより大きな格差が人間同士の中で存在してしまっているということです［図28］。

ここには抽象が生み出す性質が影響しています。言葉や数に代表される知的能力、あるいはお金に代表される金融資産といったものは、蓄積したものがさらに次の蓄積を生み、さらにそれは「具体」よりも圧倒的に速く幾何《きか》級数《きゅうすう》的に「圧倒的な差」をつけてしまうのです。

これが、「ある」と「ない」のギャップが引き起こす問題につながっていきます。

「いつの間にか外堀を埋められた」

大多数の「ある型」の思考回路の人は（あたかも「家にあるもの」の問題で「身近な具体」に吸い寄せられたかのように）、「具体的なもの」ばかりに目を奪われています。ところが実際は、私たちの人間社会は多くのルールや常識といった「抽象概念」によって支配されています。

このような抽象概念に目を向ける「ない型」の思考回路の人は、世の中を支配する抽象度の高いルールを理解し（わかりやすい例が金融リテラシーでしょう）、あっというまに具体しか見ていない人たちとの差を広げていく（例えば金融の場合は金融資産という形で）のです。

近年では「デジタル」というのがもう一つの典型的な例です。世の中の事象は次々とデジタル化されていきます。例えば音楽の世界ではそれまでのレコード、CDといった具体的な目に見える媒体からデジタルデータやストリーミングといった抽象化された世界に主戦場が移ってしまいました。このような世界ではいち早く「デジタルの掟《おきて》」を理解してその世界でのルールによって競争に挑んでいく人が確実に勝利を収めていきます。

いつの間にか私たちの生活のほとんどを支配するようになってしまったデジタルプラットフォーマーたちの存在に対しても、具体しか見ていない人にとっては「いつの間にか外堀を埋められていた」という感覚しかないでしょう。

このように、具体と抽象に関する認識と実体のギャップは、これまで以上に私たちの日常生活に影響を与えています。

［図28］

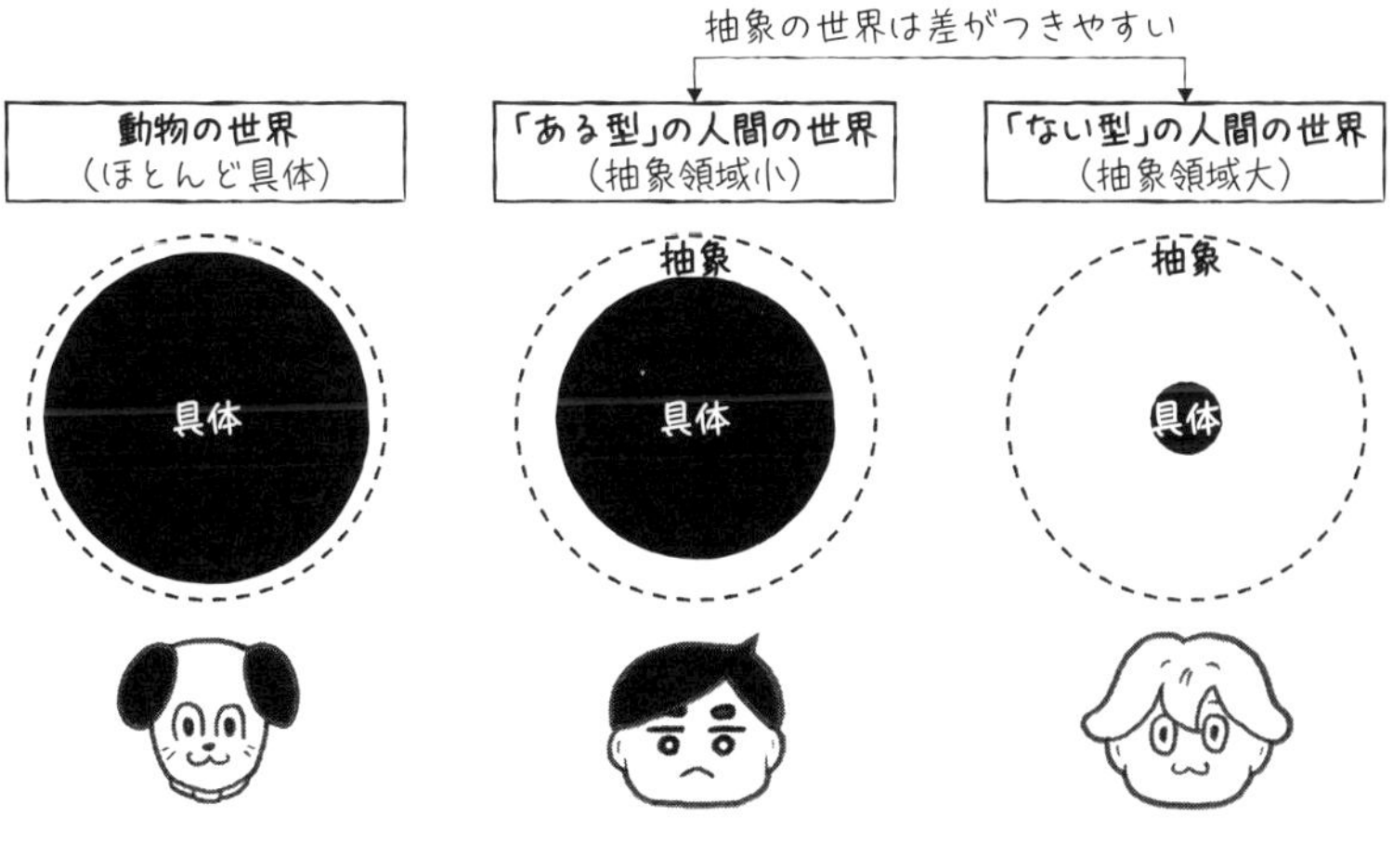
抽象の世界は差がつきやすい
動物の世界
（ほとんど具体）
「ある型」の人間の世界
（抽象領域小）
「ない型」の人間の世界
（抽象領域大）
具体
抽象
具体
抽象
具体

「一部の心ない声」とは

もう一つ身近な例を挙げます。

ネットやSNS上での誹謗中傷《ひぼうちゅうしょう》の問題は、年々悪化しているように見えます。ここではそのような問題に「具体と抽象」の観点から一つの視点を提供したいと思います。それは「ノイジーマイノリティとサイレントマジョリティ」という観点です。要は「うるさい少数派」と「おとなしい多数派」という関係ですが、何が「ある」か「ない」かといえば、自分の意見を明示的に発しているかどうか、つまり「声」という具体的なものがあるかないかという違いです。

この関係を考える上で、わかりやすいのが「顧客の声」における具体と抽象です。

顧客にアンケートを取るとしましょう。その際に、私たちはそこからのフィードバックをどのように受け取るかです。例えば飲食店で、特定の料理に関するアンケートを取ったとします。選択式で、「おいしさ」を「非常においしかった」から「非常においしくなかった」までの五つの選択肢から選んでもらうというもので、合わせて、自由に記入できるコメント欄があります。

そのようなアンケートで、約五〇〇人に回答してもらったところ、次のような結果が得られたとします。

問1　この料理はおいしかったですか？

1　非常においしかった……64％
2　おいしかった……18％
3　どちらでもない……10％
4　おいしくなかった……5％
5　非常においしくなかった……3％

問2　自由な感想をご記入ください。

「信じられないくらいしょっぱくて食べられなかった」

「これが人の食べるもの？　二度と来ません」

「よくこれでお金が取れますね」

「こんなの小学生でも作れる。詐欺に近い」

……


問1に対する結果を普通にとらえれば、「非常においしかった」が六割以上、「おいしかった」と合わせれば八割以上の人が「おいしかった」と評価する「相当満足度の高い料理」ということができるでしょう。

ただし、これを作った料理人が問2も見たとしたら、問2に対する「一部の心ない声」が頭の中に強く残るのではないでしょうか。

客観的に見れば、「五〇〇人の中の数人」であることはわかってはいても、いわば「素人」にここまで言われて、プライドある料理人であれば腹が立って仕方がないであろうことは容易に想像できます（これは「具体的な声」であるがゆえに、いわば「脳の中で繰り返される」わけです）。

これが特定の料理人の意見ではなく、「皆の意見を集めて意思決定をする」大きな組織であったりすれば、へたをすると「お客様の声は命だ」とばかりに、「塩分を減らす措置」がとられてしまう可能性だってあります（ほとんどの人が「おいしかった」と言っているにもかかわらずです）。

なぜこのようなギャップが生じるかといえば、「（具体的な）声があるとない」に加えて「ポジティブ」と「ネガティブ」に、非対称性が存在するからです。それは例えば、

- 具体的なコメントのほうが抽象的な選択肢よりも「わかりやすく、『刺さり』が強い」。
- （言う側としては）ポジティブな感想は自由記入欄にはわざわざ書かない場合が多いのに対して、不満のコメントは強烈に書いて残したくなる。
- （言われる側としては）ポジティブなコメント一〇件よりもネガティブなコメント一件が刺さる。

といったところでしょうか。「具体と抽象」の非対称性と「ポジティブとネガティブ」の非対称性のいわば相乗効果によって、このような現象が生じるわけです。

このような問題は「広く意見を集める」状況下で常に現れる事象です。

第6章◉魚と釣り方

二重のジレンマが二極化を招く

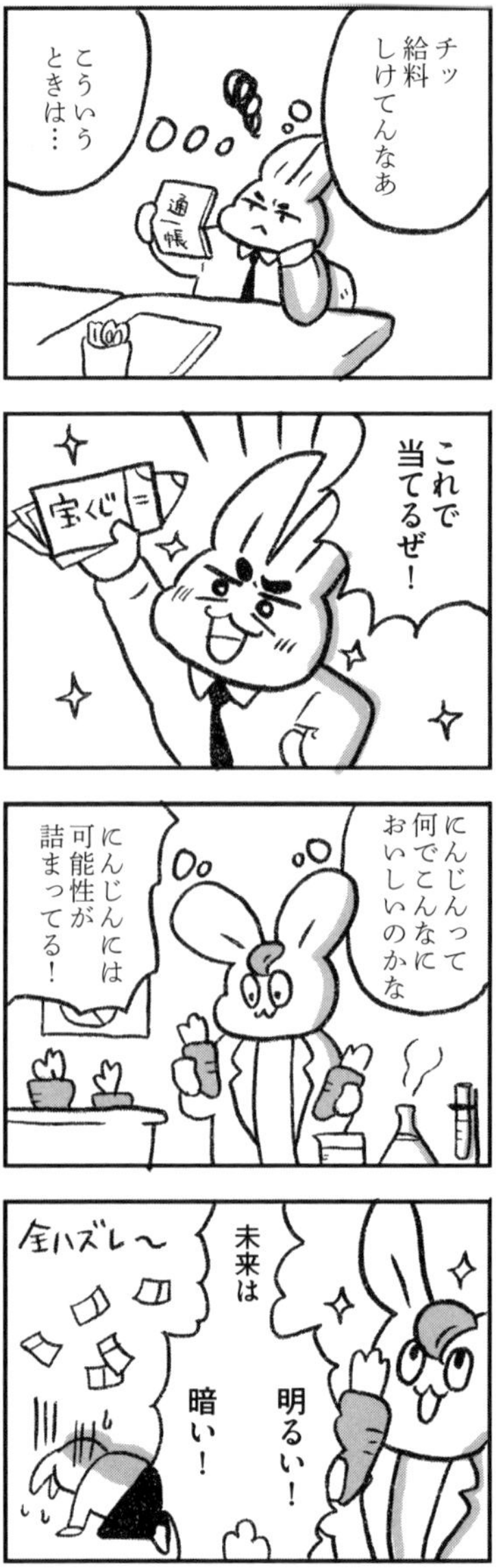

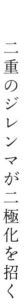

「即効性」があるかないか

「具体と抽象」の具体例として、「魚と釣り方」の対比を紹介しましょう。

これらの言葉はもちろん「文字通り」というよりは比喩《ひゆ》的に表現したものですが、出所はどこかといえば、「魚を与えるな、釣り方を教えよ」という格言です。英語では"If you give a man a fish, you feed him for a day. If you teach a man to fish, you feed him for a lifetime."（人に魚を与えれば一日は食べられるだろう。魚の釣り方を教えれば一生食べていくことができるだろう）という表現があります。

ここでいわれている「魚」と「釣り方」とは何を象徴しているのでしょうか？

簡単に表現すれば、魚とは「すぐに食べられるが、食べ終わればそれまでで長持ちしないもの」、釣り方とは「すぐには食べられないが、一度習得してしまえば一生食っていけるもの」です。たいていの人に「どちらが欲しいか？」と聞けば、よほど満腹でない限りは「魚」と答えるのではないでしょうか。わざわざ時間をかけて、いつ習得できるかもわからない「釣り方」を教えてほしいと考える人は少ないでしょう。

この構図、さまざまな場面であてはまらないでしょうか。

体調不良で発熱したときに「すぐに効く解熱剤」と「免疫力を上げて健康を保つための方法」のどちらが役に立ちそうか。教育であれば、「すぐにテストの点数が上がるハウツー」と「どんな教科にも応用できる長期的な勉強の心構え」のどちらが欲しいか。あるいは政策であれば、「すぐにもらえる補助金」と「日本の一〇年後が明るくなる外交政策」、そのどちらを唱える政治家に投票するか。医療、教育、政治の世界など、私たちの身の回りで起きる課題のほとんどにこのような大きく二通りの対策があります。

そして大部分の人が望むのは「魚」のほうだが、長期的に困らないのは「釣り方」を覚えたほうであるというのはいつの時代でもどんな領域でもあてはまる法則ではないかと思います。みな理屈では後者のほうが長い目で見たら必要そうだとは思っていても、大多数の人はわかりやすさと即効性から前者を選ぶのです。

したがって、やはりここでも「ある型」と「ない型」の構図があてはまり、ここに「ギャップ」が存在することになります。ここでのギャップは、多くの人が望むことと、本来長期的にやるべきことが根本的に逆方向になっているということです［図29］［図30］。

「火に油を注ぐ」構図

このギャップによって引き起こされる問題は、多くの人は魚を望むが、実際に長期にわたって食料に困らない状況を作れるのは釣り方を覚えた人であるという矛盾《むじゅん》です。

この話は（格言になっているぐらいで）非常に深い含蓄《がんちく》があります。先にこの話は医療や教育、あるいは政治などにも応用可能であることをお話ししましたが、この構図は社会に

［図29］

［図30］

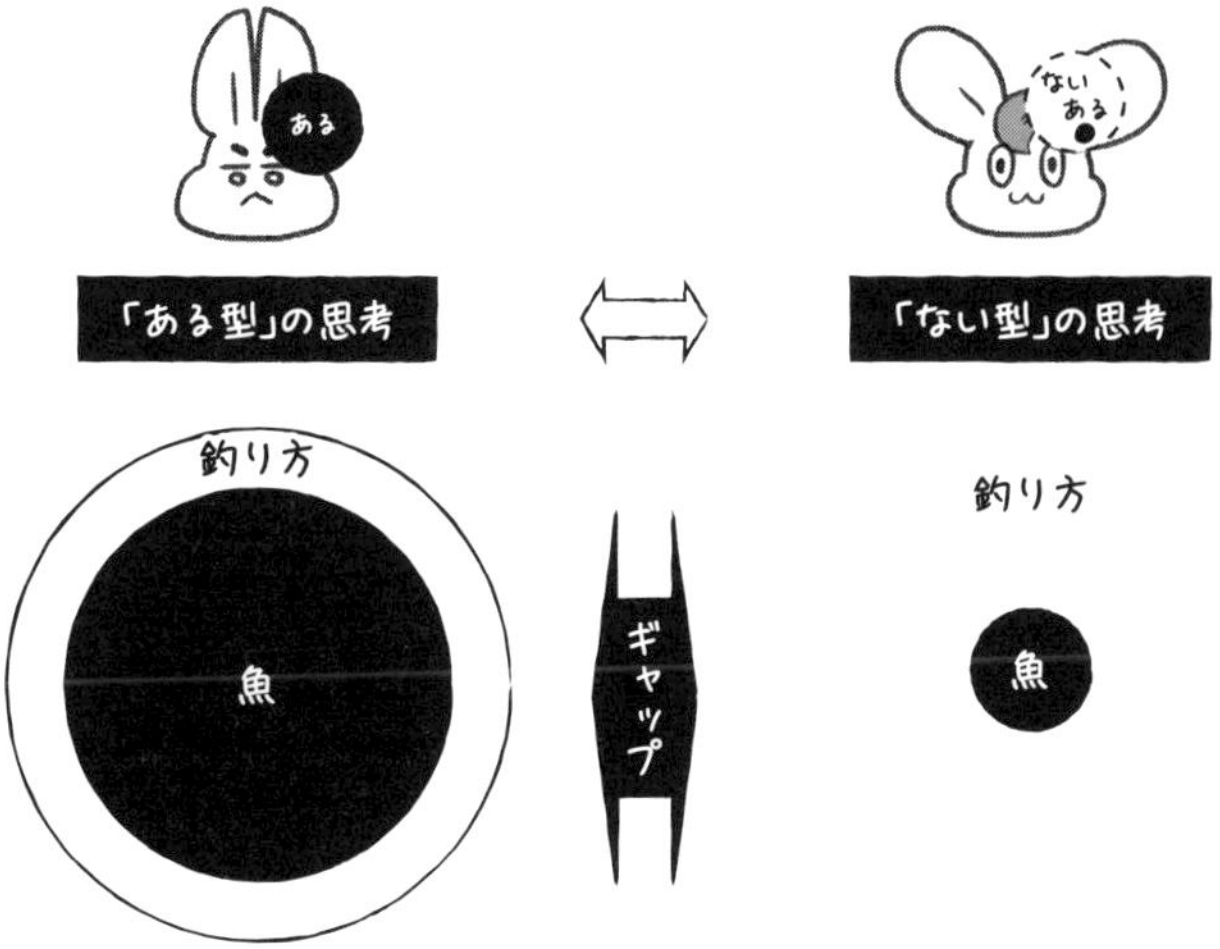

どのような影響を与えるのか。結論からいうと、近年、世界中で問題になっている社会の二極化に一役買っているのではないかというのが本書の仮説です。

「魚と釣り方」の原点に戻りましょう。英語の言葉にもあるように、（大多数の）魚をもらった人は一日しか食べていけないが、釣り方を覚えた人は一生食べていけるという、ここに「人生の岐路」が存在しています。「その日暮らしを続ける」のか「仕組みを作って一生を安泰にする」のか。これが、いまの二極化の一つの側面といえるでしょう。このような二極化の根本原因の一つが、「魚と釣り方のジレンマ（ギャップ）」に起因しています。「魚」というのは「消費」を象徴し、「釣り方」というのは「投資」を象徴したものでもあります。

「消費」は文字通りそこで消費してしまえば終わりで、また一から始めなければなりません。対して「投資」は長期的なリターンが期待できるもので、「やればやるほどリターンが大きくなる」という側面を持っています。

加えて、ここで積みあがっていく資産は「自己増殖する」特徴があり、元の資産は「放っておいても資産が資産を生む」というサイクルに入り、金融資産であれば複利という「掛け算」の形で指数関数的に増えていくのです。ところが「消費」は、一度消費したらゲームがリセットされるので、このような「レバレッジ」（「てこの原理」で実際の力以上のものを発揮する）が効きません。

時間が経過するにしたがって、二者の間にとてつもない差ができて二極化が進行するこ

［図31］

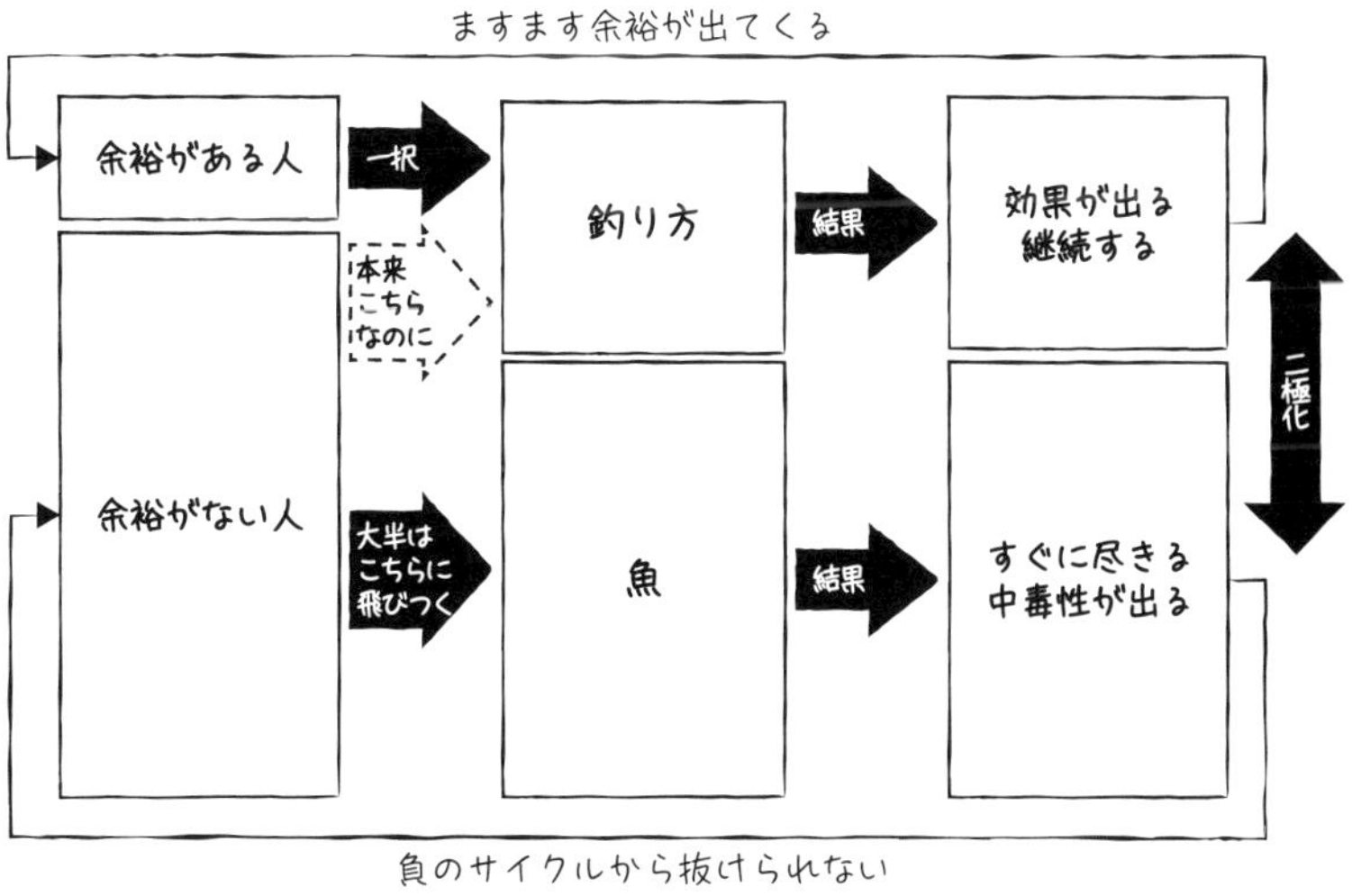
ますます余裕が出てくる
余裕がある人
一択
釣り方
結果
効果が出る
継続する
本来
こちら
なのに
二極化
余裕がない人
大半は
こちらに
飛びつく
魚
結果
すぐに尽きる
中毒性が出る
負のサイクルから抜けられない

とがわかるでしょう。

当然このような格差を解消するために政治やその運用機関としての政府があるわけですが、ここでまたジレンマが起きます。少なくとも民主主義の世界では先述したように、「多数が望む」魚を配る意思決定をすることは容易ですが、この意思決定は「さらに魚を配る」という形で、この二極化に対して「火に油を注ぐ」構図になるわけです。

これは、医療の世界でも教育の世界でも同様で、もともと余裕のある人は長期的にものごとを考えられるので、結局は「釣り方を覚えた者が勝つ」ことをよく知っており、余裕のできたリソース（お金や設備や知識など）を釣り方に「投資」するのですが、余裕のない人はその日をしのぐために「まずは魚」という発想から悪循環に陥って抜けられず、ここでもやはり二極化が進行していくという流れになるのです［図31］。

要は「痛み止めサイクル」「実戦ノウハウサイクル」「補助金サイクル」というのは、ある意味、中毒性があるということです。一度そのサイクルに入ると、「毎朝列に並んで魚をもらいにいき、一日で消費して、また翌朝に列に並ぶ」という状況から抜けられず、永久に「釣り方」を仕込んでいくサイクルに入れないという社会の歪《ゆが》みが生まれているのです。

そう考えてくると、いまの世の中で「本当に賢くふるまっている人」というのは、自らは着々と「釣り方」をマスターした上で「魚を欲しがっている人」に供給し続ける（ことで富を築く）人ということになります。

一方で、悪循環を見ていられずに「釣り方が重要だ」と正論を唱える人も出てきます。多数の「魚を日々消費する人」を啓蒙《けいもう》しようとしているのですが、結局は多数から「それが何の役に立つんだ」「魚は食べられるけど『釣り方』は食べられない」といった批判を受ける上に、ほとんど結果を出せない（多くの人を変えられない）という悲しい結果に終わることが多いのです。

第7章 ● 自分と他人

意識されていない非対称性

「自我」があるかないか

再び、「家にあるものとないもの」の問題に戻りますが、「家にあるもの」と「家にないもの」を考えるときの頭の使い方は、「自分」と「他人」について考えるときの頭の使い方に酷似《こくじ》しています。そして「ある」か「ない」かの対象は、（当たり前ですが）「自分自身」、ここでは「自我」という言葉で表現しておきます［図32］［図33］。

自分と他人について考えるとき、象徴的な特徴は「非対称性」です。「自分を見るときの眼《め》」と「他人を見るときの眼」が異なっているということです。例えば、

- 自分は近くで「よく見える」が、他人は遠くでよく見えない。
- 自分の失敗には何かと言い訳を考えるが、他人の失敗には容赦ない。
- 自分の成功は必然だと考えるが、他人の成功は運だと考える。
- 貸した金（自分が貸した金）のことは覚えているが、借りた金（他人が貸した金）のことは覚えていない。

……

と、挙げ出せばきりがありません。

要は、私たちがいかに自己中心的な生き物かということです（ある意味、当たり前です）。

これは「家」で考えても一緒で、宇宙空間から見ればほんのちっぽけな一つの家のはずが、自分にとっては（どんなに狭いワンルームのアパートだろうが……いやむしろ狭ければ狭いほど）、それが「自分の世界のすべて」と感じることだってあるでしょう。

「他人とは違う」「みな同じ」

このような当たり前であるはずの非対称性は、実はネットやSNS上でのコミュニケーションギャップの大きな要因にもなっています。どう見てもこの非対称性を認識しているとは思えない言い争いが、後を絶たないように見えるのです。

頻発《ひんぱつ》している「意識されていない非対称性」は、「自分のことは具体的、他人のことは抽象的に語る」という「具体と抽象」に起因するものです。

他人には無責任に一般論を語るのに、自分にその一般論が向けられるとたんに自分ならではの特殊事情を語りはじめるというやり取りは、日常生活でもよく見られます。「特殊と一般」という対比は具体と抽象の関係に起因するものであり、自分は特殊でオンリーワンの存在であり「他人とは違う」と思いたがる一方で、他人のことは一般化して「みな同じ」だと考える。それも「自分と他人」の構図に起因するものといえます。

また、序章で示した「安全と危険」の例を思い出してください。「自分」のほうが「あ

［図32］

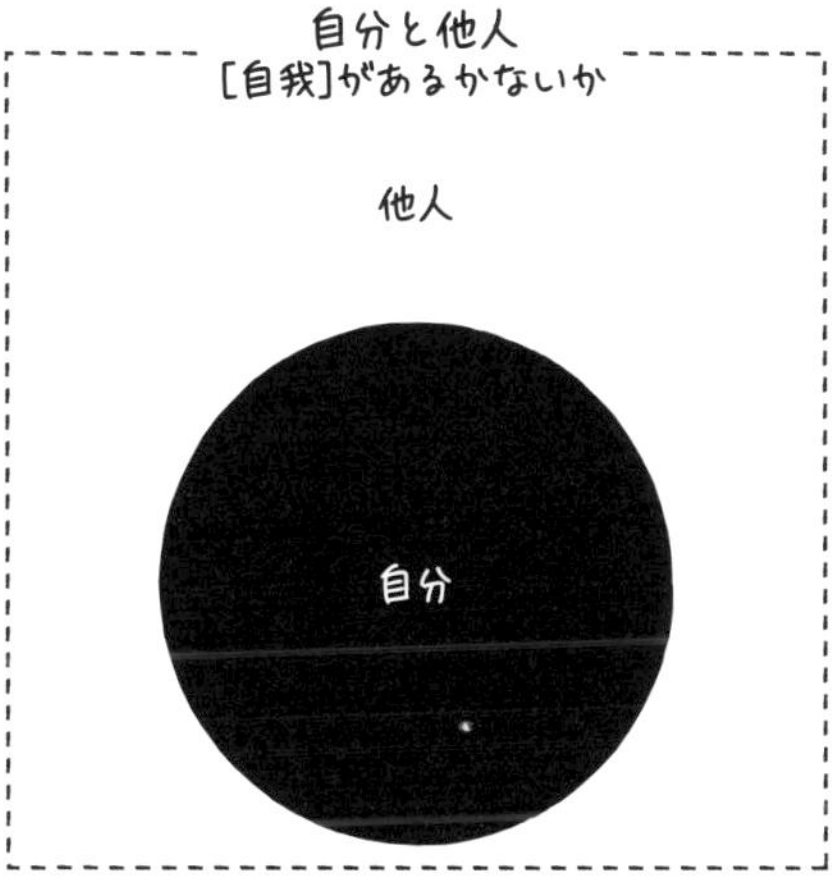

［図33］

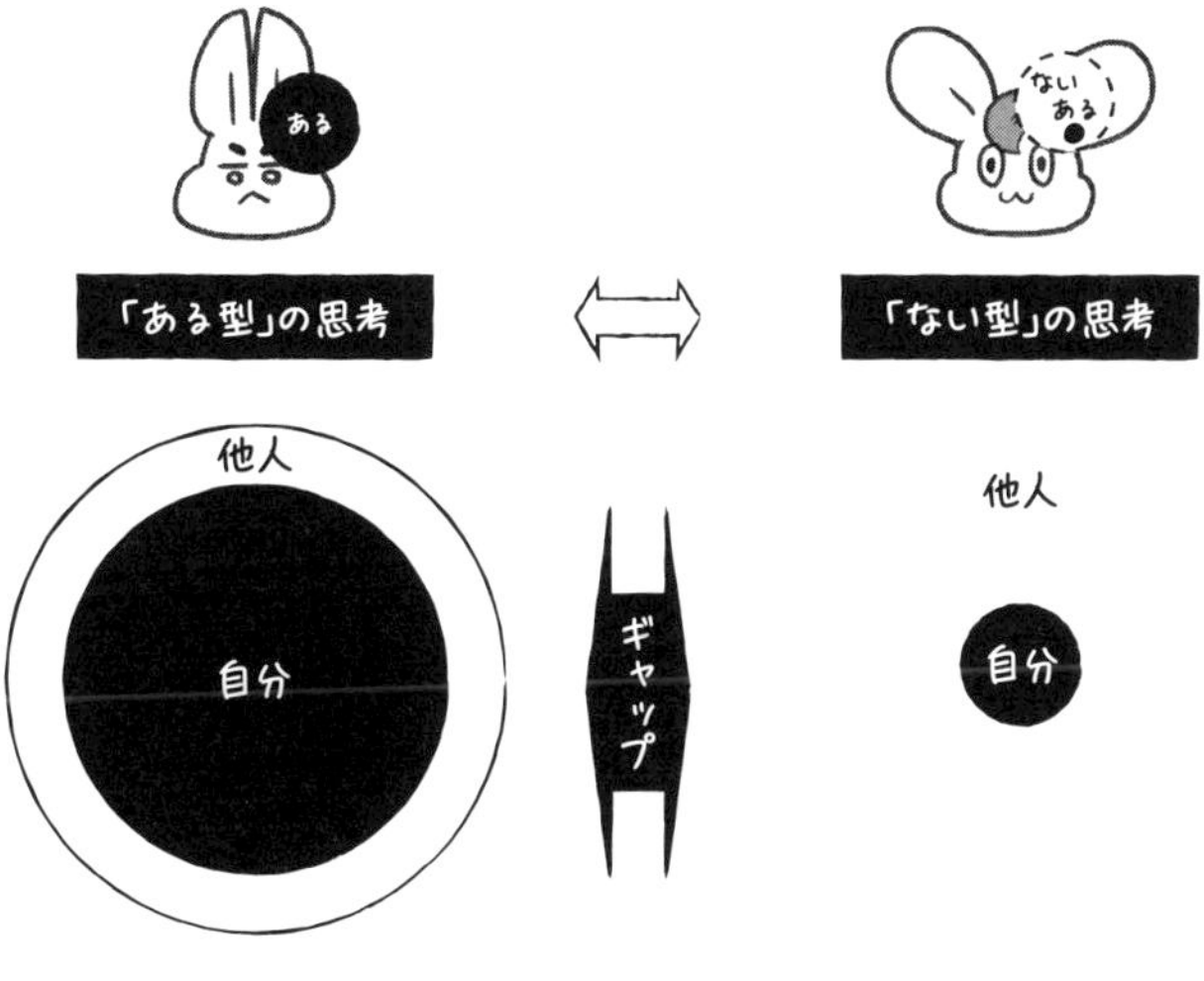

る側の領域」に属する場合もあるし、「ない側の領域」に属する（つまり自分と他人が逆転する）場合もあります。

例えば、他人の短所はすぐ見つける（ある側）のに、自分の短所は何かと正当化して見ないふりをする（ない側）といったようなことです。これらも「自分と他人の非対称性」に由来するものであるといえます。

第8章◉「同じ」と「違う」

なぜ「同じ」に吸い寄せられるのか

「手本」があるかないか

「○○と同じようにつくる」といえば、○○という手本となるべき対象が存在しますが、「○○と違うようにつくる」といった場合には、○○という手本は参考にならず、手本なしで違うものをつくらなければなりません。つまり、「手本」が「ある」のが「同じ」で、手本が「ない」のが「違う」ということになります［図34］。

「同じ」と「違う」は日常的によく使われている言葉ですが、これらの組み合わせほど非対称性が意識されていないものもないように見えます。

当たり前の話ですが、「同じ」ものは一つしかありません。もちろん「同じ車」といった場合には、「世界に唯一の特定の車」という本当に唯一のものを指す場合もあれば、同じ車種を指す場合もあります。具体的な車のレベルでいえば世界中に何万台も「同じ」車があるわけですが、「車種」というレベルで考えれば一つといえます。

対して「違う」は、原理的には無限に存在します。「違う車」といえば、世界中の自動車メーカーのすべての車種が該当するので、何百、何千以上のレベルであることは容易に想像がつきます。さらに「違う車」は、今後生まれてくる車や想像上の車でも「何でもあり」です。「違う」は「ほぼ無限に存在する」といっても間違いではないでしょう。

このように、「同じ」と「違う」は、「1」対「無限大」です。質的な側面からいえば天

［図34］

［図35］

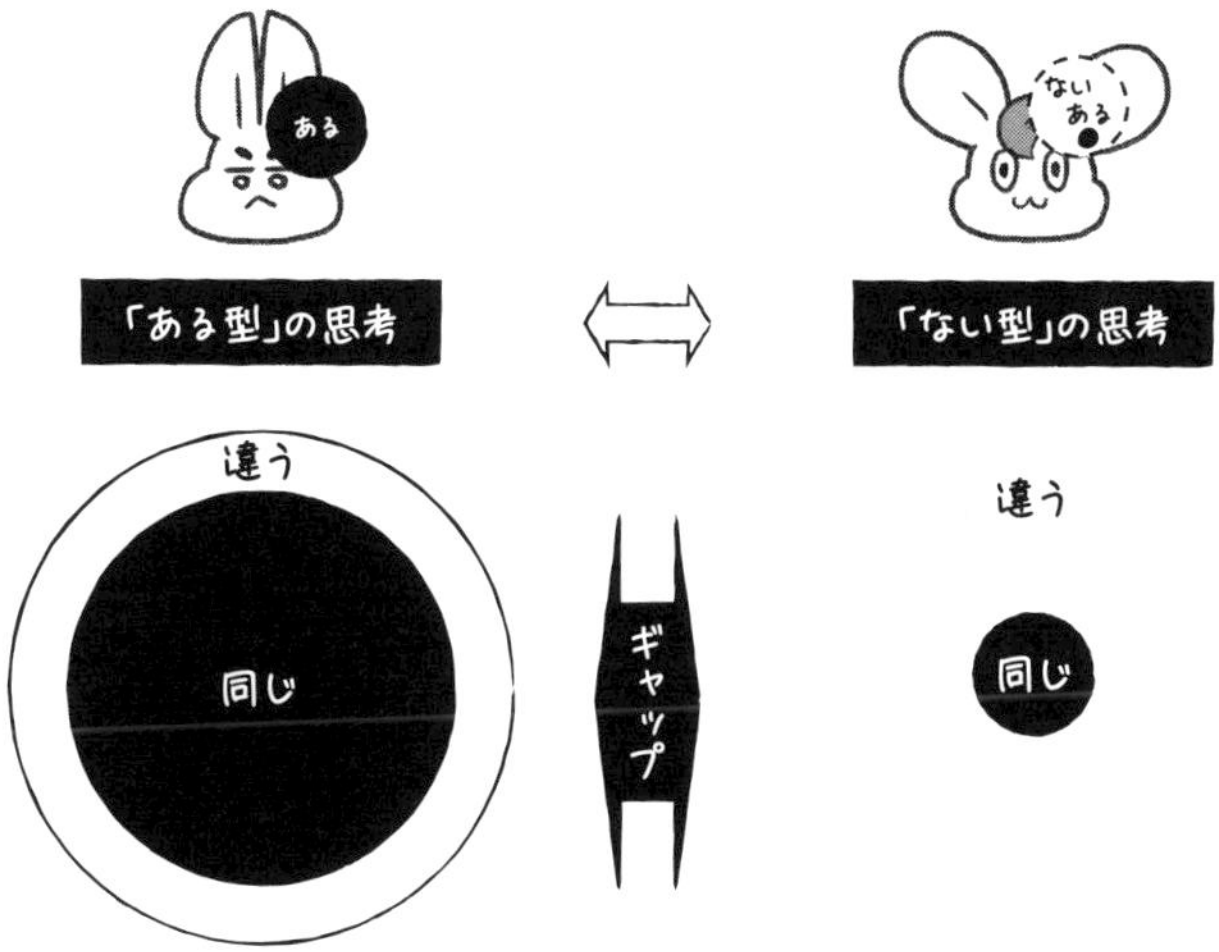

文学的な差があるわけですが、実際に日常生活では「同じ」と「違う」はあたかも同列のごとくに扱われることがあります。例えば、「前回と同じにしますか？　違うのにしますか？」というように。

これは、頭の中と実態が乖離《かいり》した、本書でいう「ギャップ」の典型例です［図35］。

知識型は「そのままコピペ」

「1」対「無限大」の関係であるにもかかわらず、多くの人は「同じ」の領域に吸い寄せられていきます。「去年と同じやり方で」「あこがれの○○さんと同じように」「欧米と同じルールで」「ヒット商品と同じ機能を」「前回と同じ家電品を」……と、人は「同じもの好き」です。

「家にあるものとないもの」の例題を思い出してもらえれば、その原因の一端はすぐに見えてくるでしょう。人は圧倒的に、「あるもの」のほうに目を向けます。「経験があること」「使ったことがあるもの」「見本があるもの」「実績があるもの」……と、とにかく「ある」のほうが圧倒的に具体的で見えやすいというのはすでに述べたとおりです。

対して「違う」ものは無限にあるにもかかわらず、「違うものって何ですか？」と改めて聞かれれば、無限はおろか二つや三つの違うものをリストアップすることさえ至難の業《わざ》かもしれません。同じものを考えるのと違うものを考えるのでは、頭の使い方がまったく違うのがわかるでしょう。

その違いは、知識型（「ある」型）と思考型（「ない」型）の違いといってもよいでしょう。ほかの「ある」と「ない」と同様、「ある型」は、自分が知っているものを生かすことからすべての発想が始まりますから、知識さえあれば、それを「そのままコピペする」ことができます。知識量がものをいうわけですが、結局は「同じ」ということです。

対して思考型は「ない」ものを牛み出す発想ですから、必ず「いまあるものとは違う」ものを生み出そうとします。そこにいくばくかの知識は必要ですが、知識量さえ多ければよいのかというとそうでもありません。「外側の広大な『ない』の領域」に目を向ける「自ら考える」意識がより重要になってきます。

簡単にいってしまえば、「同じ」の世界は思考停止の世界、「違う」の世界は思考をフル回転する世界ということになります。

さて、ＡＩ時代には、「同じ」と「違う」の関係はどのように変化するのでしょうか？

第9章 ◉ 安定と変化

目を向けにくい「無限の可能性」

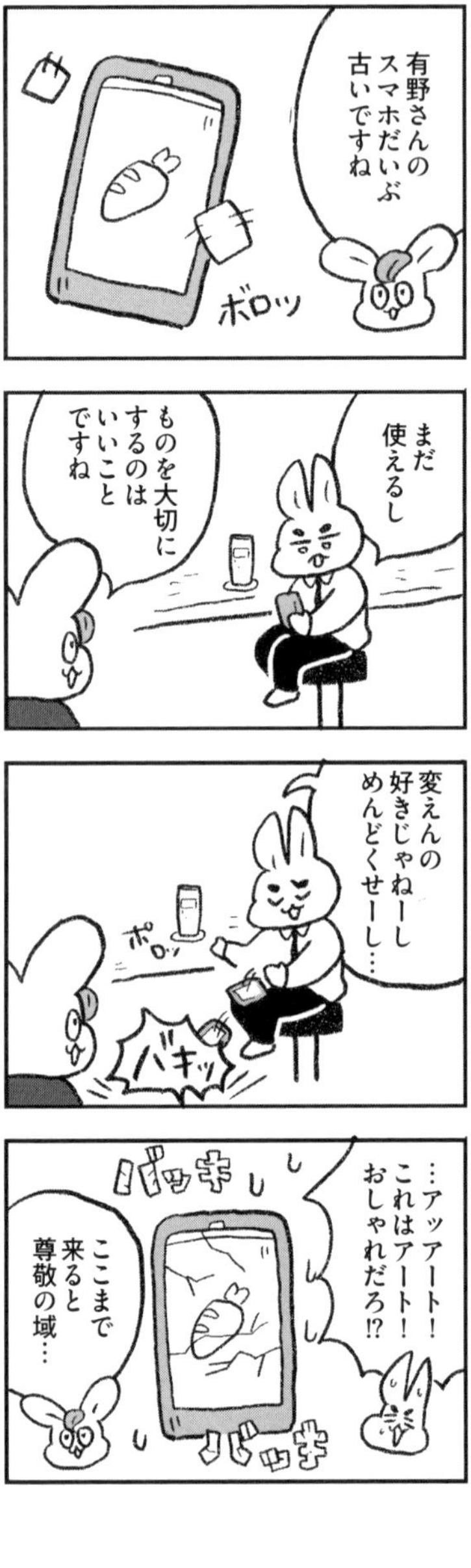

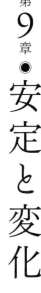

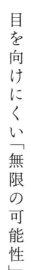

「慣性力」があるかないか

安定と変化、これが前章の「同じ」と「違う」の応用であることは容易に想像できるでしょう。「安定」とは簡単にいえば「同じ」ことの継続によって成立し、「変化」とは常に違うものに移行していくことを意味するからです。

これらの関係は「安定性」があるかないかという表現でもよいのですが、ここでは「慣性力」という言葉にしました。慣性とは文字通り「慣れ」であり、同じものが継続するならば「慣性が大きい」ということになります。

人間は基本的に、変化を嫌う保守的な動物に見えます。これはおそらく、人類が長年にわたってサバイバルを繰り広げてきたなかで身に着けた知恵とでもいうものでしょう。その結果として、無限にあるはずの「変化」の機会に目を向けるよりも、「よほど悪くない限りはいまのままがよい」と考える「安定」派が多数を占めることになります［図36］［図37］。

ビジネスであれば、最初の取引を始めたり、初めての取引先と付き合い始めたりするときには周到な調査に膨大な時間をかけるのに、一度取引が始まってしまえば「前と同じ」の一言だけですんなりと事態が先に動きます。予算の確保でも同様で、「前年並み」の一言さえあれば説明は一切いらないのに、前年から増減がある場合にはそうはいきません。

詳細な説明を求められます。

また「担当者が替わる」ことになって、（もしかすると、新しい担当者のほうが優秀かもしれないのに）いわれのない不安を覚えた経験がある人も少なくないのではないでしょうか。例えば医療における「担当医の変更」などでは、顕著ではないでしょうか。

価値観の違いの源泉

政治の世界では常に「変えるか変えないか」が論点となります。人事を変えるか変えないか、法律を変えるか変えないか、税金を変えるか変えないか。これらの意見の対立は、「安定」か「変化」か、あるいは前章の「同じ」か「違う」か、という思考回路の激突といえるでしょう。

もちろんこれらに正解はないのですが、およそ議論というものは自分の考えを主張し続けているだけでは永久に平行線であり、相手がなぜそう思うのかを理解することは必須です（だからといって、それが合意につながるかどうかは別問題ですが）。そのための一助として、「ある」と「ない」の視点が役に立ちます。これらの思考回路や前提の違いがどのような価値観の違いに現れるかを理解しておくということです。その作業は、あらゆる議論の土俵に立つ上で必須といえるでしょう。

「保守か革新か」という議論も、基本的には「変えるか変えないか」という議論とほぼ同

［図36］

［図37］

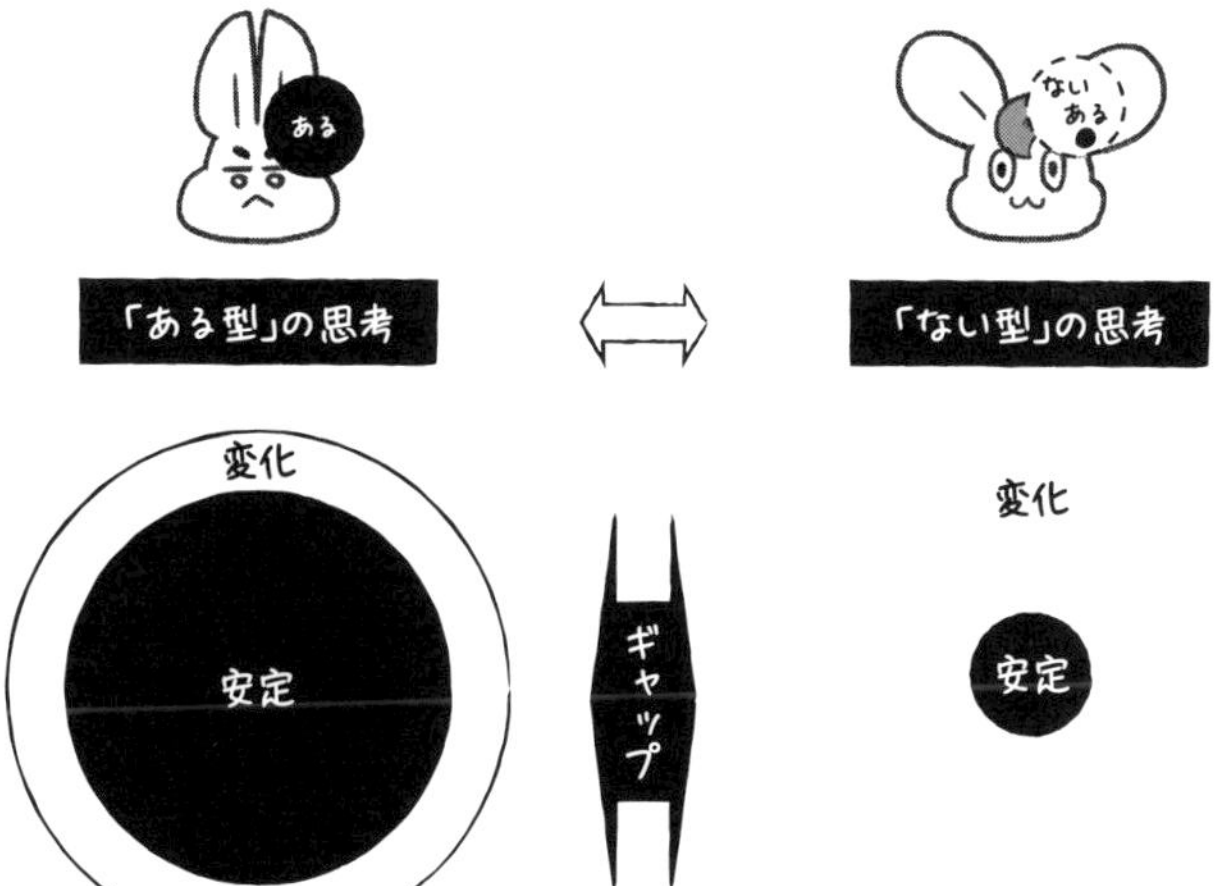

じ論点と考えてよいでしょう。世の中の動きを考える上でも「ある」と「ない」の視点は役に立ちます。

第10章◉守りと攻め

完璧《かんぺき》に守るか、失敗覚悟で数を打つか

「持っているもの」があるかないか

スポーツの世界はもちろん、ビジネスの競争でもあるいは戦争においてもおよそ二者（以上）が覇権《はけん》を争って勝ち負けを競う状況下では、「守り」と「攻め」の場面が必ずあります。野球やアメリカンフットボールのように、それぞれに「守り」と「攻め」の時間を設けたり、場合によってはプレイヤーも入れ替えたりして、明確に区切りがあるものもあれば、サッカーやバスケットのように攻守が目まぐるしく入れ替わるものもあります。しかし、後者のパターンであっても「いまどちらが守っていてどちらが攻めているか」は、第三者が見ても比較的区別がつきやすい場合がほとんどではないかと思います。

ビジネスでの会社間の関係や日常生活の人間関係においても、比喩《ひゆ》的に「守勢に回った」「攻勢に転じた」などと、「守り」と「攻め」が語られることもあるでしょう。

ではこれらの場面で共通する「守り」と「攻め」の違いとは何でしょうか？　またそれら各々の状況の違いに起因する「守り」と「攻め」の思考回路の違いとは何でしょうか？「守っている側」と「攻めている側」は、「何を」攻めたり守ったりしているのか、各々の「目的語」を考えてみます。

両者は同じものを守ったり攻めたりしています。「守り側」（の陣地や人など）です。つまり、本章での「ある」か「ない」かの対象は「守るべきもの」となります。

［図38］

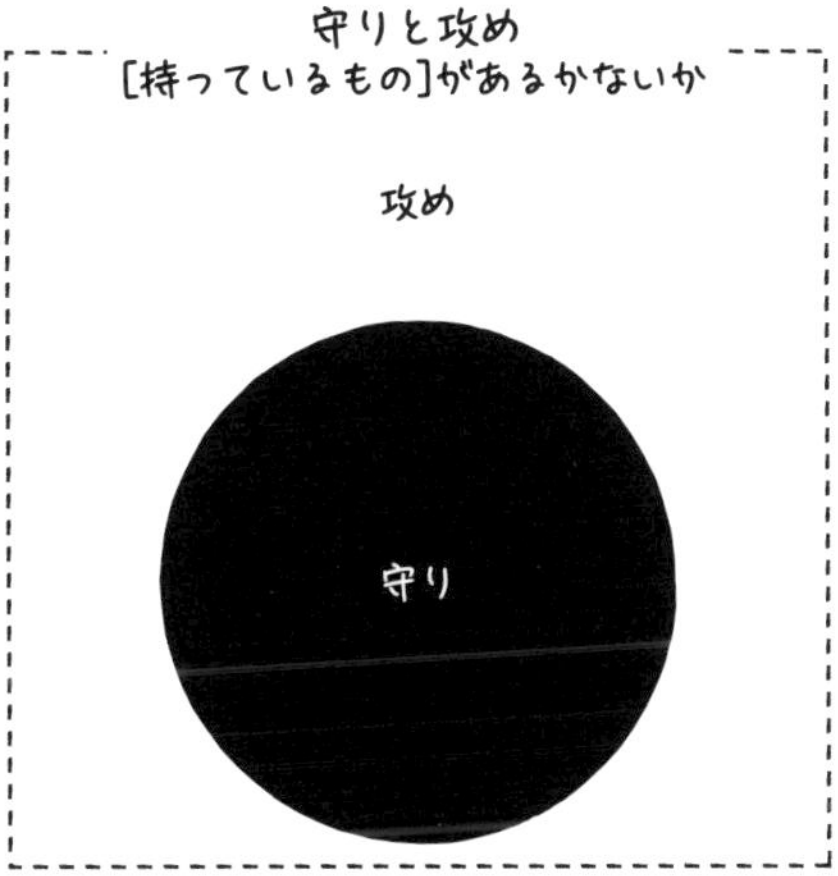
守りと攻め
［持っているもの］があるかないか
攻め
守り

［図39］

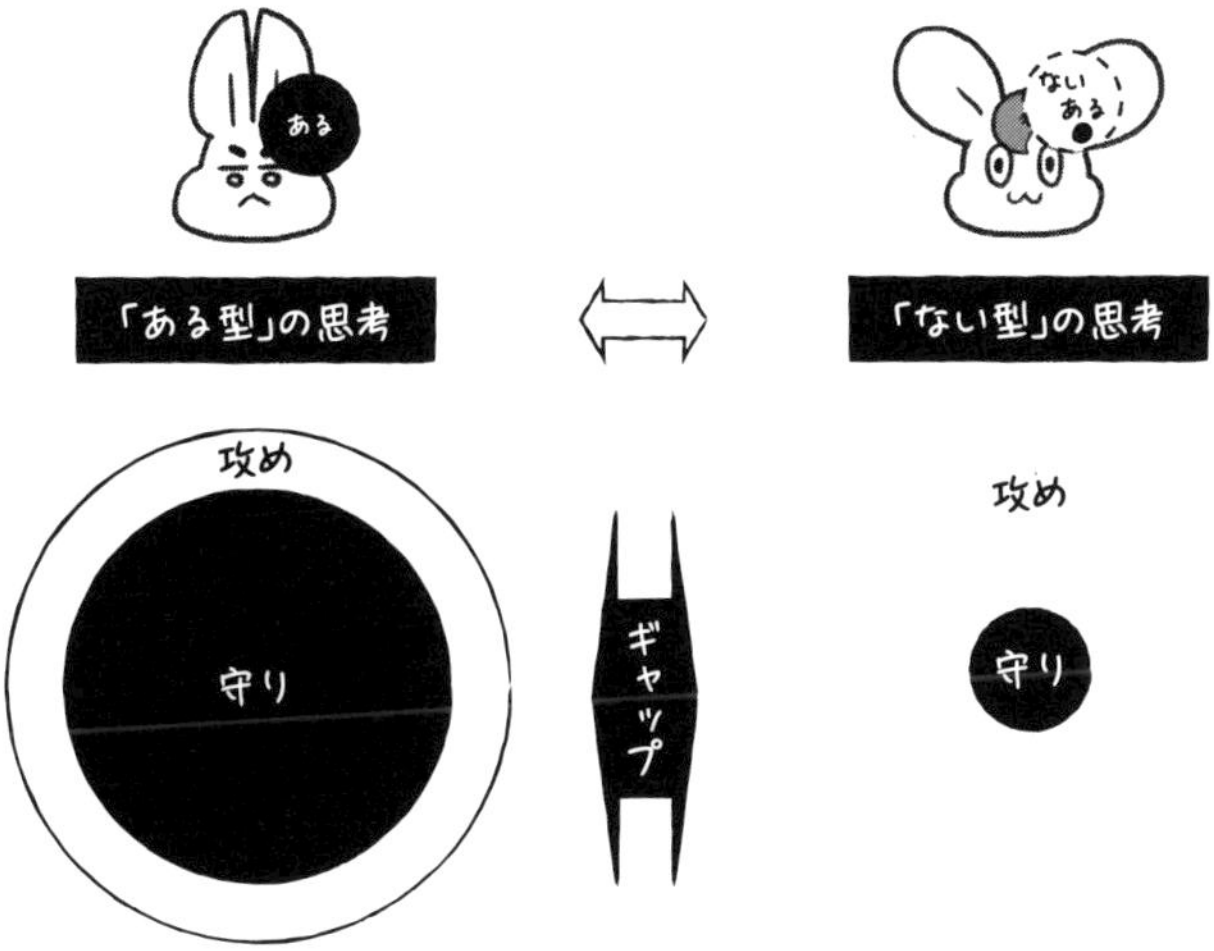
ある
ない
ある
「ある型」の思考
「ない型」の思考
攻め
守り
ギャップ
攻め
守り

「守るべきもの」とは、守る側が持っているものです。したがってここでの「ある」と「ない」は、守る側が守るべき持ち物、すなわち「持っているもの」とします［図38］［図39］。

守りと攻めの違いは「持っているかどうか」の違いになるわけですが、この違いが両者の基本的なスタンスを分けることになります。具体的にどのように異なるかを模式図で示してみます［図40］。

これは守りと攻めの関係を先の「守るべきもの」の有無に着目して示したものです。

一見した違いは、「攻め」では、まずは一点突破を試みるのに対して、守りの側は（相手がどこから攻めてくるかわからないので）全方位で対応することが求められます。「山を張る」というのは攻めにはよくあることですが、守りで「山を張る」のはよほどのことがない限りないでしょう。

「攻め」はリスクを負って一撃にかけるものであるのに対して、「守り」は基本的に安全策をとります。このことがほかの行動にも影響してきます。「守り」には失敗が許されないのに対して、攻めは「一《いち》か八《ばち》か」にかけることが多いので「失敗して当たり前で、だめなら数を打つ」という発想になるという違いもあります。

このことと表裏一体なのが、「守りは合格点が高い」（ちゃんとできて当たり前で、九〇点でも不足と思われる）のに対して、「攻めは合格点が低い」（だめでもともと）という違いです。

そもそも「失敗覚悟で数を打つ」ために求められるのは合格点を下げることだといえま

［図40］

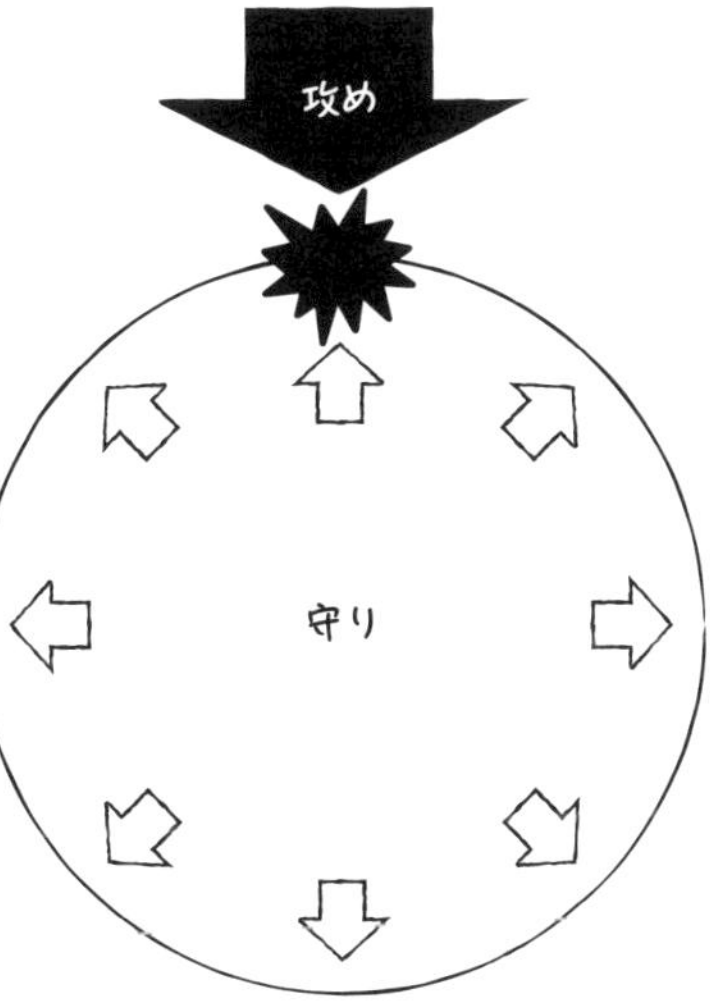
攻め
守り

［図41］

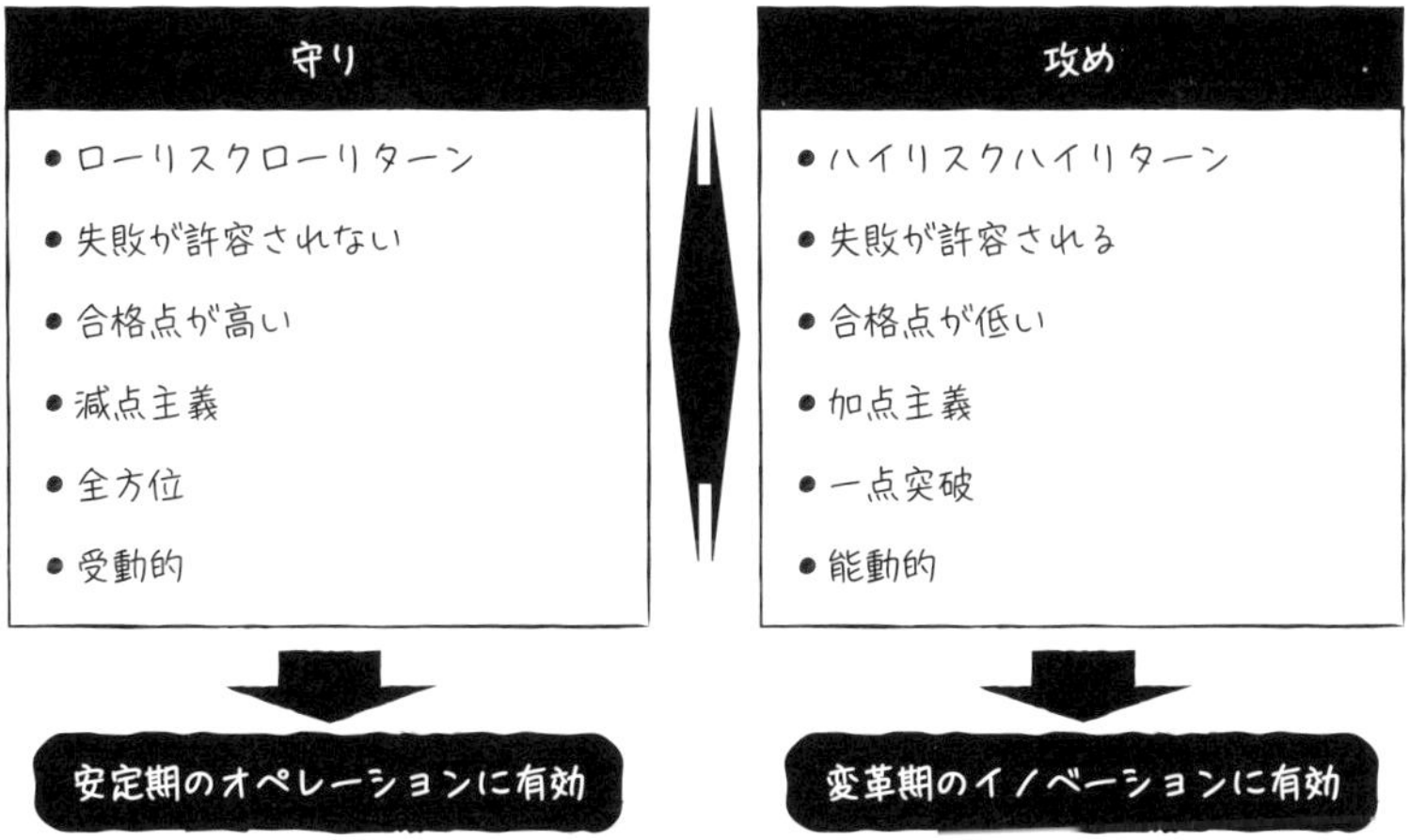
守り
●ローリスクローリターン
●失敗が許容されない
●合格点が高い
●減点主義
●全方位
●受動的
攻め
●ハイリスクハイリターン
●失敗が許容される
●合格点が低い
●加点主義
●一点突破
●能動的
安定期のオペレーションに有効
変革期のイノベーションに有効

す。反対に守りは完璧《かんぺき》主義になりがちで「危険がありそうなことには手を出さないほうがよい」というマインドセットとなります【図41】。

これは「ある」と「ない」の思考回路そのものであり、これら二つの思考の間にはもちろん、ギャップが存在します。

ミットとプロテクターをつけたまま打席に立つ

スポーツであれば当たり前の「攻めと守り」の違いが、ビジネスや日常生活では忘れられていることがよくあります。

例えば、伝統的大企業とスタートアップの意識の違いです。これらの企業の違いにはさまざまな側面がありますが、そのほとんどは一言でざっくりと表現すれば、「持っているかいないかの違い」から生まれます。伝統的大企業が「持っているもの」とは、歴史、経験や専門知識が豊富な経営者や従業員、資金、ブランド、設備、知的資産……と、数え上げればきりがありません。対してスタートアップは、これらすべてにおいて、質も量も「ないないづくし」です。

そうなると必然的に、両者に必要とされるマインドセットは異なります。すでに「巨大な城」に住んでいる伝統的大企業では、まずは「持っているもの」を中心に考えるのは当然のことです。前例主義やセクショナリズム、あるいはリスク回避などの保守的な考え方はすべて、この「持っているもの」からの発想に起因するわけで、守りの発想としてはきわめて健全です。

対するスタートアップは基本的に攻めの発想から入ってきますから、伝統的大企業の思考や価値観との間にギャップがあるのは当然です。

大企業でアントレプレナーシップを叫んだところで、この自己矛盾を解消しない限りは「ミットとプロテクターなど、全身を防具で固めた状態で打席に立っている捕手」になってしまいます。したがって「バットが振りにくい」のは当たり前で、まずは、滑稽《こっけい》ともいえるこの構図に気づかなければなりません。バットがうまく振れないからといって、やるべきは、防具類をつけたままで死ぬほど素振りを繰り返すことではなく、この構図を認識した上で打席に立つなり、スタンスを整えてから素振りの練習を始めるなりする、ということです。

「前例主義やお役所的な手続きをばかにするイノベーター」にも同じことがいえます。今度は逆に「Tシャツ、短パンで、時速一五〇キロのボールを素手で捕球しようとしている」ようなもので、これも滑稽な光景でしょう。

第11章◉受動と能動

「きっかけ」がなくても動けるか

「きっかけ」があるかないか

考えてみれば、私たちの生活や仕事はほとんどの場合において、「言い出しっぺ」がいて、それに呼応し、追従する人がいるという構図になっています。飲み会やイベントの主催者と参加者、募金を集める側と募金する側、お店を開いて営業する人とそこにくるお客といった具合です。

ではこれらの関係性において、何が「ある」と「ない」の関係になっているのでしょうか？

それは「きっかけ」のようなものであると考えられます。もちろん何かを主催する人にもきっかけはあるものですが、それが内発的なものなのか外発的なものなのかという違いがあります。ここではおもに、「外発的なきっかけ」を「きっかけ」と定義することにしましょう［図42］［図43］。

「先に動いたか」、それとも「だれかが先に動いてからそれに反応したか」の違いといってもよいでしょう。この関係性においても、非対称性が存在します。

まずは「順番」という点での非対称性です。その言葉の定義から、「能動」は常に「受動」よりも先にきます。したがって順番は常に「能動」→「受動」です。

もう一つは、「数」に関する非対称性です。能動と受動は一対一ではなく、たいていの場合、「言い出しっぺ」としての能動側は「一人」であることが多いのではないでしょうか。それに呼応する参加者などの受動側は複数であり、場合によっては一対一万、あるいはそれ以上ということもありえます。人気アーティストのコンサートの主催者と参加者などがよい例でしょう。

もう一つ、「数」の非対称性という点でいうと、右記のように数万の人から反応される「人気コンサート」もあれば、閑古鳥《かんこどり》が鳴くイベントだって世の中には多数存在します（むしろこちらのほうが圧倒的に多いでしょう）。

つまり、受動と能動との関係は次のように説明できます【図44】。

SNSやWeb記事のオリジナル投稿とそれに対するコメントの関係をイメージするとわかりやすいかと思います。

- 能動と受動は基本的に「1：Nの関係」（一つの能動に複数の受動が反応し、時に膨大な数になる）である。
- ただし、能動にはまったく受動側が反応しない「ハズレ」も多数ある。

これが能動と受動の「数」の面での非対称性です。

これらの関係は「ある型」と「ない型」の思考回路の違いにもかかわってきます。

「ある型」（受動型）の人は常に、何らかのきっかけが「ある」ことでものごとに反応しま

［図42］

受動と能動
［きっかけ］があるかないか
能動
受動

［図43］

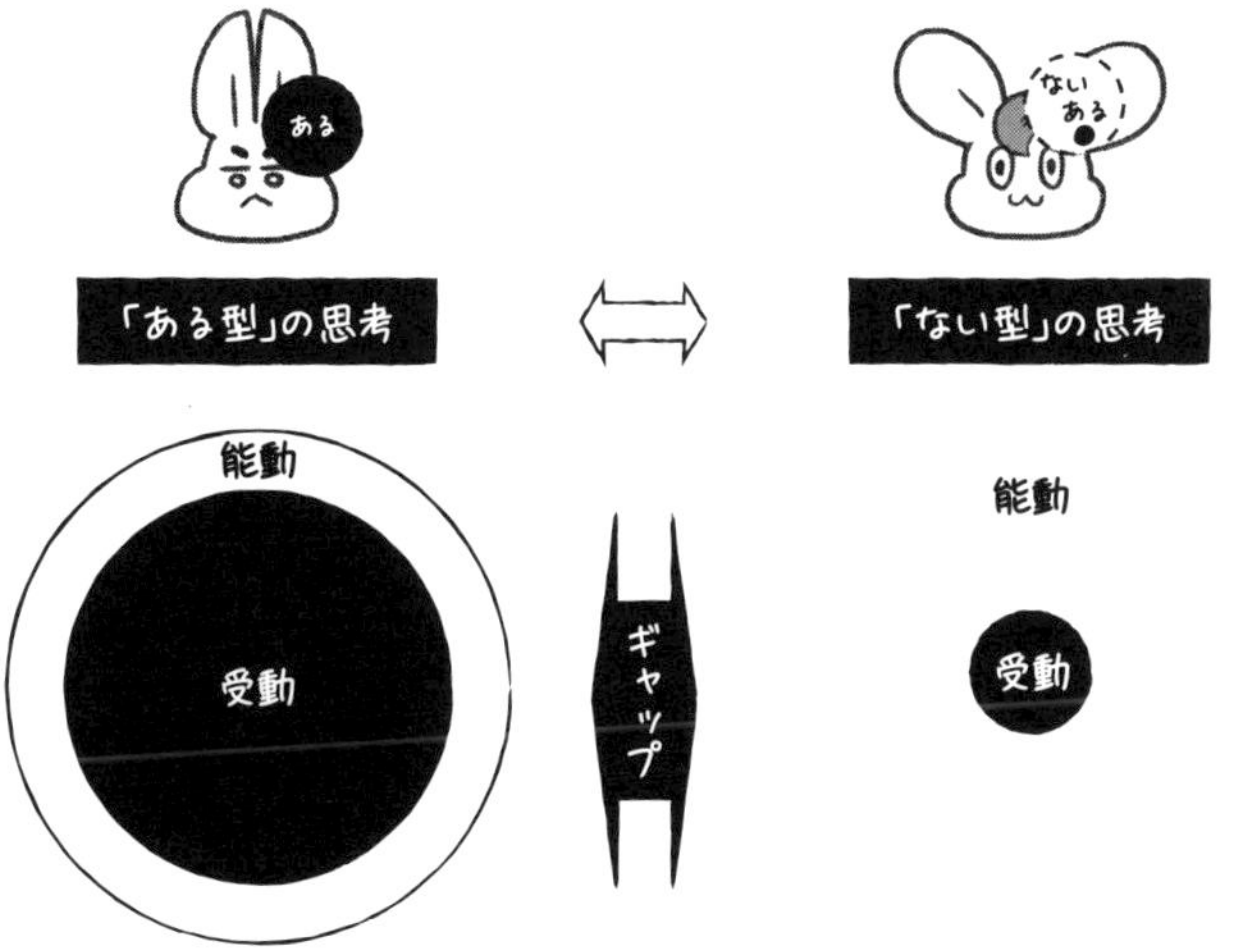
ある
ない
ある
「ある型」の思考
「ない型」の思考
能動
受動
ギャップ
能動
受動

す。これが世の中の大多数派といえるでしょう。したがって、飲食店やヒット商品、あるいはアートなどは「人気もの」に人が集中し、SNSの投稿も一部の投稿が「バズる」という現象が起こりやすくなります。

ところが「何もないところで何かやってやろう」と「ない領域」を常に意識している「ない型」(能動型)の人は、人がすでに集中しているところ以外にも「大平原が広がっている」ことをよく知っています。これが起業家やイノベーターと呼ばれる人の思考回路です。

「社長は社員とは決定的に違う」とは、社長の責任の重さや意思決定にかかる重圧を指してよくいわれることですが、「受動と能動」の観点からいえば、「創業者とその他の社員は決定的に違う」のは当然です。それは創業者のみが唯一、「白紙から能動的に動いた」からです。例えば肩書一つとっても、創業者以外の全員の肩書はだれかが決めて与えられた(承認した)ものであるのに対し、創業者の肩書だけは「自分で選んだもの」なのです。

もちろん会社の中でもさまざまな「言い出しっぺ」がいて、DXのプロジェクトや買収案件、あるいは新規事業や飲み会一つとっても、それらは確かに能動的な思考回路の産物なので、能動性にもマクロのレベルからミクロのレベルまで(「自主的に道のごみを拾う」とか)さまざまなものがあります。ただし、いずれにしてもこれらは「一人の言い出しっぺ」と「多数のフォロワー」から成り立っています。言い換えれば、「ハズレに終わった多くの能動的活動」と「アタリになった場合の多くの受動的賛同者」という構造です。

［図44］

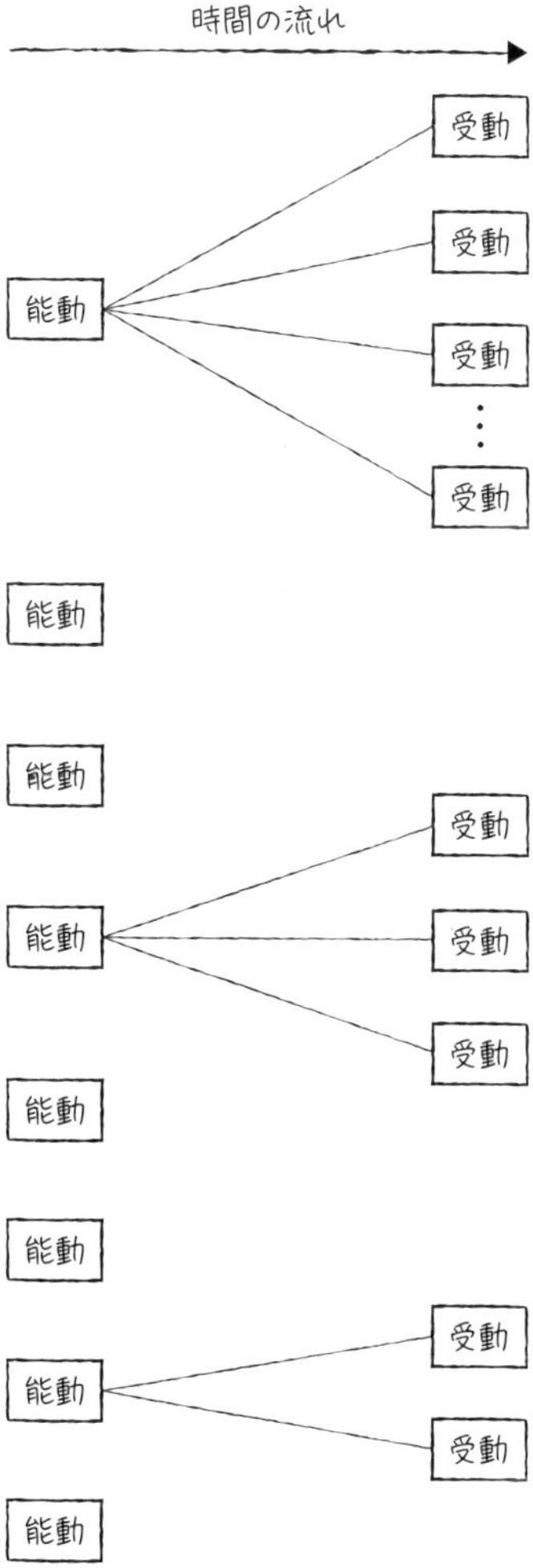

SNSのリプライやコメント欄を見れば

ここで注意すべきことも、その「非対称性」です。意外にそれが理解されていないために、能動と受動が「同じ土俵に乗っている」と勘違いされる場合が多々あり、コミュニケーションギャップが発生します。

SNSの「コメント欄」やリプライでオリジナル投稿を「論破」しようとする人、創業社長にあるべき論を語る人などは、「その場をつくること」と「部分的にその場を批判すること」の位置づけを認識していないように見えます。同様に、「社員に必要以上に能動性や経営目線を求める創業社長」もまた、受動的な人の役割を認識していないがゆえの言動に見えます。

一見ではわかりにくい受動と能動の関係やその思考回路、コミュニケーションへの影響を意識してみると、世の中が変わって見えるのではないでしょうか。

それからもう一点、今後のＡＩの飛躍的発展は、この「受動と能動の関係性」に決定的な影響を与える可能性があります。受動的な仕事や作業は一気に「ＡＩがやるべきこと」になっていくと想像できるからです。

第12章◉ツッコミとボケ

自らの賢さを誇示してしまうメカニズム

「対象」があるかないか

「ツッコミとボケ」という語順に違和感を覚えた人もいるかもしれません。普通は「ボケとツッコミ」と言うからです。

ではなぜ、本書では「ツッコミとボケ」としているのか。それは本章を読み進めればおわかりいただけると思いますが、簡単にいっておけば、「ある」と「ない」の語順に合わせているからです。また、本章での「ツッコミ」「ボケ」はあくまでも比喩《ひゆ》的な表現であり、漫才を例にとることはあっても、「漫才論」ではありません（「ツッコミ」と「ボケ」を象徴として扱っているので、「本家」の内容も広い意味では含まれることにはなります）。「ツッコミとボケ」は、前章の「受動と能動」のそれぞれの役割を象徴的に示したものです（そういう点では、従業員と創業者、コメントする人とオリジナル投稿をする人の関係も「ツッコミとボケ」に含まれます）。

なお、ここでの「ツッコミ」は、「ツッコミ的な言動やその主体となる人」であり、「ボケ」とは「ボケ的な言動やその主体となる人」を指しています。その意味での「ツッコミとボケ」には何が「あるかないか」といえば、まさによくいわれる「ツッコミどころ」、つまり「対象」があるかないかということになります［図45］［図46］。

「受動と能動」の関係も踏まえ、「ツッコミ」と「ボケ」の違いを比較してみます［図47］。

［図45］

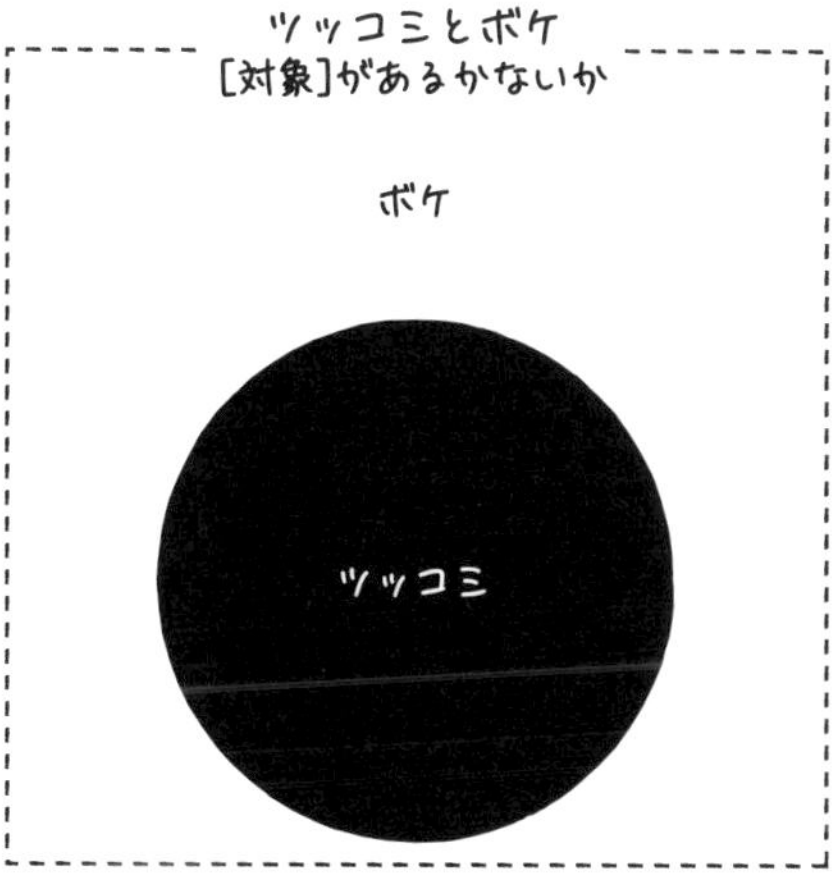
ツッコミとボケ
[対象]があるかないか
ボケ
ツッコミ

［図46］

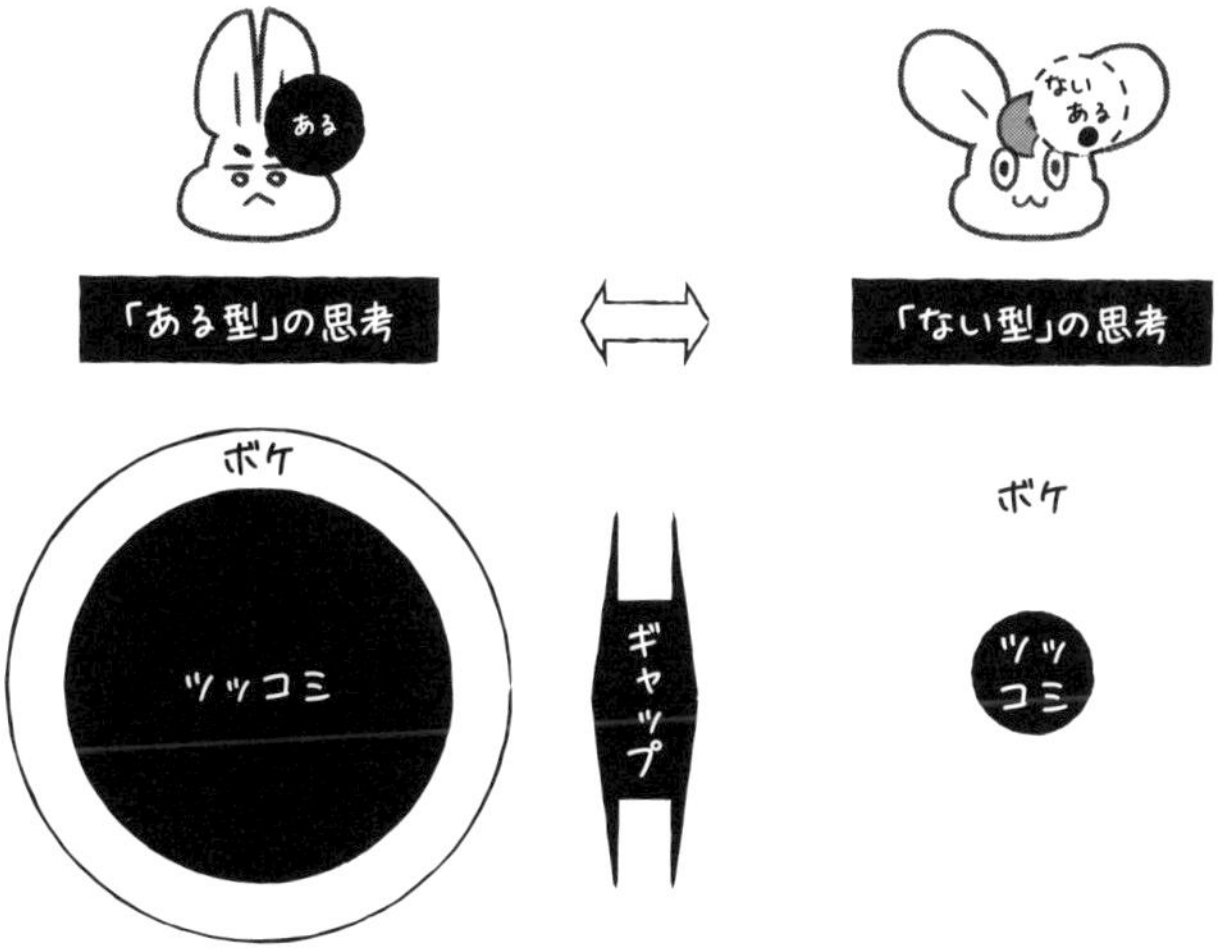
ある
ない
ある
「ある型」の思考
「ない型」の思考
ボケ
ツッコミ
ギャップ
ボケ
ツッコミ

まず、先に動く「ボケ」が「能動」で、そのボケに後から反応する「ツッコミ」が「受動」ということになります。その受動と能動の関係につきまとうのが「リスクとリターン」の問題です。

漫才で考えてみましょう。大きな笑いをとることが多いのは「ツッコミ」と「ボケ」のどちらでしょうか？　反面、外したときに大恥をかくのはどちらでしょうか？　もう、おわかりだと思います。「ボケ」は、大きなリスク（ボケること）をとってリターン（観客からの反応や笑い）をとりにいっているので、大喝采《だいかっさい》もあり沈黙（ブーイング）もあるという不確実な綱渡りをしていることになります。

対して一般的な「ツッコミ」の役割は、大多数の観客になりかわって「一般常識」を発揮して、ボケがまいてくる「ツッコミどころ」に「それおかしいだろう」と突っ込んでいくわけです。

ツッコミは「ツッコミどころ」という一点に向かって収束させるのが一般的であるのに対して、ボケは「神出鬼没《しんしゅつきぼつ》」で三六〇度、どこに現れるかわからないというスタンスが求められます。

「同列である」という勘違い

このように、「ツッコミ」と「ボケ」は非対称の関係ですが、実生活やネット上においい

[図47]

ツッコミ（的な言動）	ボケ（的な言動）
● 後から反応する	● 先に動く
● 受動的	● 能動的
● ローリスクローリターン	● ハイリスクハイリターン
● 一部分に絞る	● 全方位に目を向ける
● 収束型	● 発散型
● 一般常識が必要	● 思考（想像と創造）が必要

ては同列であるという前提でやり取りが起こっているため、さまざまなコミュニケーションギャップが発生しているように見えます。

漫才であれば、非常識なボケが常識的なツッコミに「ツッコミどころ」を指摘されてやり込められるという姿は、その状況設定や役割分担を皆が理解し、楽しむことが目的であるため、問題は発生しません。しかし実生活やネット上では、「ツッコミ」の側が「相手がボケている」ことに気づかずにツッコミどころを指摘し、自らの賢さを誇示するという滑稽《こっけい》な図となってしまうことがあります。

「ツッコミ」はある意味、観客の代表であると前述しましたが、「ボケ」というのは舞台の上で「ツッコミどころ」をさらす人であり、先に動いてリスクを冒し、舞台という「隙《すき》だらけ」の状態で満場の観客に対峙《たいじ》しているわけです。

インターネットやＳＮＳが普及する前は、それは一部のテレビタレントや評論家など、「ボケている」ことが明示されている人たちの役回りでした。あるいはスポーツ観戦であれば、競技場でプレイしている人たちが「ボケ」で観客が「ツッコミ」ですが、この場合もそれぞれの立場を皆が自覚しています。

ところが、ネットやＳＮＳの普及でこの構図は決定的に崩れてしまいました。皆が簡単に「舞台に上がれるようになった」（発信が簡単にできるようになった）がゆえに「ツッコミとボケ」の境目があいまいになってきたのです。

つまり、だれがツッコミでだれがボケかは、当事者でさえわかりにくくなってきたにもかかわらず、「受動と能動」という構図は相変わらず存在し、「お互いの立場をわきまえない」やり取りが激増しているように見えます。

ツッコミの立場にいて、「相手の発言を待ってツッコミどころを探してから発言する」というスタンスをとれば、永久に常識人として賢そうにふるまうことができますが、それでは炎上する可能性も低いかわりに拍手喝采を浴びるようなこともありません。逆に炎上リスクを負って「ボケている人」には時に拍手喝采がもたらされることがあります。

SNSでいえば、「最初の投稿をする」のと「そこにコメントする」のでは決定的な差があるわけですが、それを認識した上で投稿している人は、意外に少ないのではないでしょうか。

無人の荒野を切り開くトップランナーと「だれかの後ろを走る」フォロワーとでは、一見やっていることは同じようでも、価値観や能力はかなり違ったものになります。AIが普及してくる時代においては、このような能動的なトップランナーの重要性はますます高まってくるに違いありません。

第13章◉常識と非常識

所詮《しょせん》それは仮初《かりそめ》のもの

「既成概念」があるかないか

「常識」というのは、必ずしも明確な言語化やルール化はされていないものの、「皆が思っている正しいこと」といったような意味ではないでしょうか。そのようなぼんやりとした既成概念がここでいう「ある」か「ない」かの対象です［図48］。

既成概念というのは「概念」というぐらいで、基本的には抽象的なものです。抽象とは、複数の具体を同じ特徴でくくって「まとめて一つ」と扱うことです。またそれが「既成」という形である程度固定化されたものが「既成概念」ということになりますから、例えば「○○は善《よ》く、××は善くない」といった「善悪判断」、つまり固定化された判断基準がこれに相当します。

既成概念で典型的なのは、何がよくて何が悪いか、あるいは何が正しくて何が間違っているかという「線引き」です。

「ある型」の思考は、世の中のほとんどの事象はこのように「善悪」や「正誤」で明確に線引きできるという前提で成り立っています。したがって、このような線引きから外れた行動や人を「非常識」と呼ぶのです。

対して「ない型」の思考ではそもそも「線引き」自体が存在しません。世の中に絶対的な善悪や絶対的な正誤などは存在せず、もし存在するとしてもそれは単に「ある前提のもとで」（第16章「部分と全体」にも関連）と考えます。しかも、そのような線引きは時代とともに変化する（前提条件が変わる）ことを承知しているので、仮初《かりそめ》のものだと十分に認識しているのです【図49】。

別の表現をすると、「ある型」の思考回路の人は、ものごとを「常識か非常識か」という二択《にたく》でとらえるとともに、そのうちの「常識」は「自分にとっての正解」と考えがちです。したがって、自分に理解できない価値観を「非常識という不正解」であると安易にとらえ、バッサリと切り捨てがちです（第1章「『答えがある』と『答えがない』」参照）。

対して「ない型」の思考回路では、そもそもものごとを簡単に「常識」とか「非常識」という価値観ではとらえないので、正確にいうと図49の右側にある「常識」の領域は豆粒ほどに小さいということになります。

互いに聞く耳を持たず

「ない型」思考の人は、「常識」のもととなっている既成概念など所詮《しょせん》は単なる共同幻想であり、砂上《さじょう》の楼閣《ろうかく》であると思っていて、（「ある型」の人たちがそう呼んでいる）「非常識」の広大な原野に常に目を向けています。「ある型」の人たちが狭苦しい空間で肩をよせあって「満員電車に揺られている」理由が理解できません。

対して、「常識の範囲が世界のすべて」と考える「ある型」から見れば、「ない型」の人

[図48]

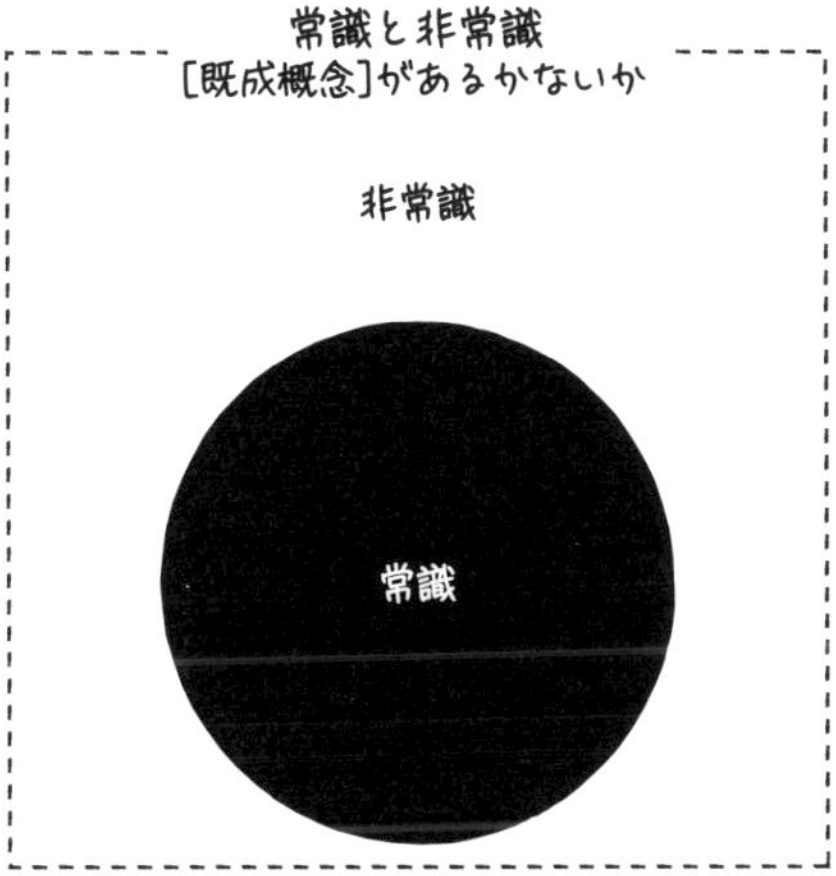
常識と非常識
[既成概念]があるかないか
非常識
常識

[図49]

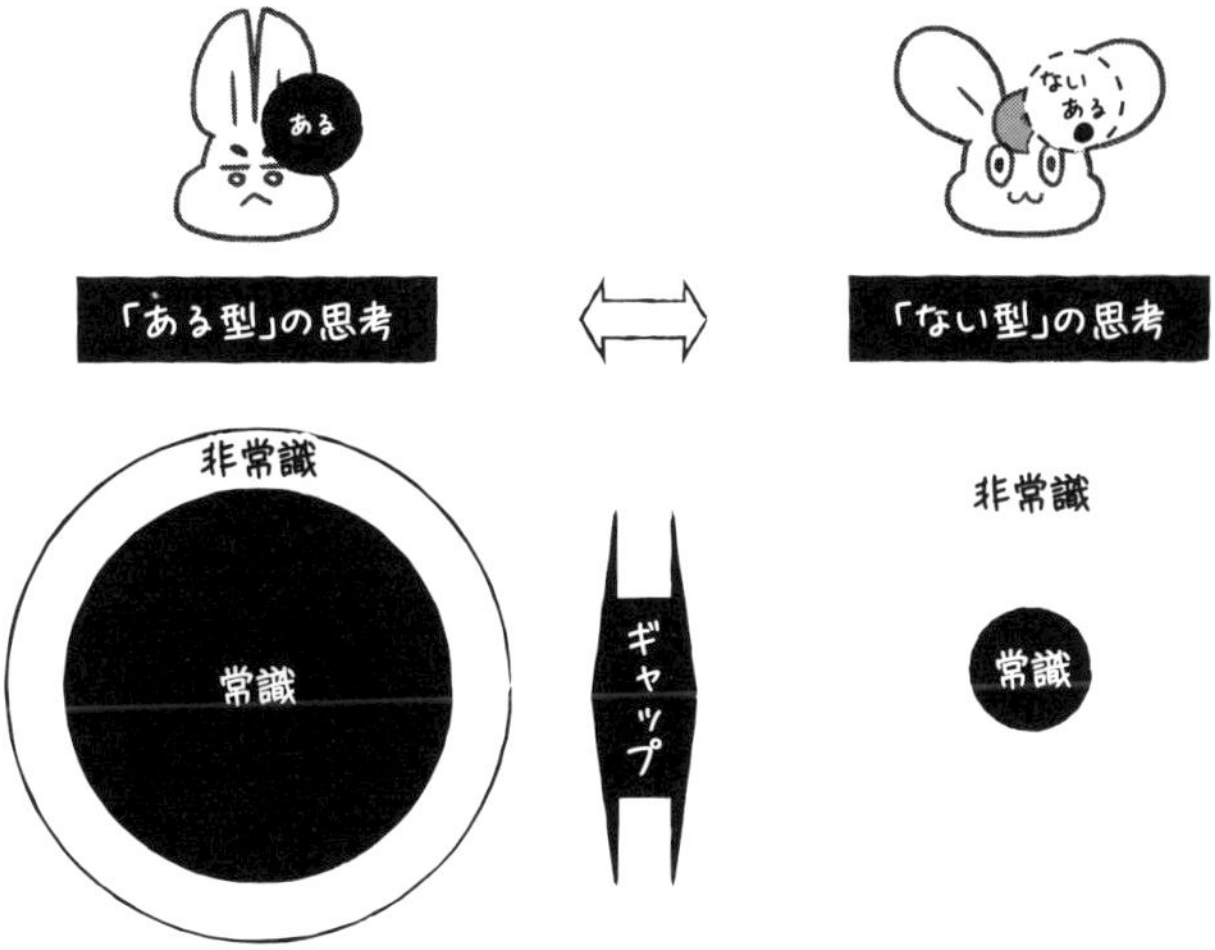
ある
ない
ある
「ある型」の思考
「ない型」の思考
非常識
常識
ギャップ
非常識
常識

たちは、人として生きるべき枠からはみ出したドロップアウト組です。

この大きなギャップは埋めようがなく、互いに何と言われようが、「聞く耳を持つに値しない大きなお世話」でしかありません。

このあたりは前述の「自分と他人」（第7章）や後述の「閉と開」（第15章）の関係に通じるものがあります。

- 「常識か非常識か」の二択で考える人は、主観がきわめて強く、しかもそのことに気づいていていない。
- 外枠という世界の果て（実は単なる狭い世界の果てでしかないのに）を認識しているにすぎず、しかもそのことに気づいていない［図49］。

こうしたことが根本原因となって「常識中心」の考え方になるのは、「自分中心であること」に気づいていない思考回路とつながっているのです［図33］。

第14章◉内と外

「中立的な立場」は可能か

珍しくほかの客とトラブル中の無川
何だと!?
スー
待て待てオレは中立の立場だから言えるが
無川が一〇〇パーセント悪い
それ私情入ってません?
なっ?んなわけねーよ!
いつも余裕の無川が焦ってるのがちょっとうれしいとか関係なく
中立だ!
なんかゴメンね
イエイエ

「中心」があるかないか

人間の思考の癖として、自分の居場所である家の中、しかも自分がいまいるところからが一番考えやすいということは、本書冒頭の「家にあるものとないもの」問題で体験してもらいました。私たちがものごとを考えるときには、自分を中心に、あるいは自分の家族、会社などの所属組織、自分の国から始めるのは当然といえるでしょう。

「家にあるものとないもの」は、「家の中にあるものと外にあるもの」にほぼ置き換えることができます。「ほぼ」と書いたのは、「どこにも存在していないもの」は含まないからです。存在しているものだけに範囲を限定すれば（おそらく九九パーセントの人は「家にあるものとないもの」問題でも、その範囲で考えたと思います）、ほぼ同じということです。

それをさらに根本的なレベルで考えてみた場合、「中心」があるかないかにたどりつきます［図50］。

「立場」という言葉があります。文字通りの意味は「立っている場所」になるわけですが、いまこの言葉が圧倒的に多く使われる場面は、それを比喩《ひゆ》的に用いた「人間関係における立場」とか「組織上の立場」など、その人の「社会的な立場」でしょう。

人はおのずと、自分の「立場」を中心にして考えます。家にいる状況であれば「物理的な居場所としての立場」、組織であれば「中間管理職としての立場」、人間関係であれば

［図50］

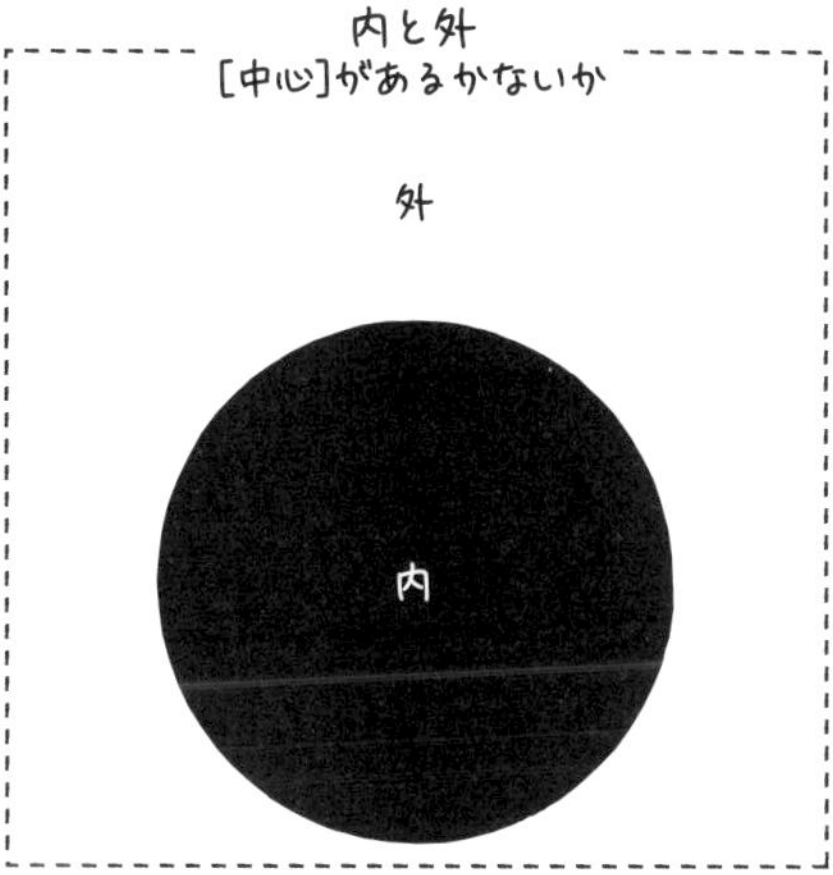

［図51］

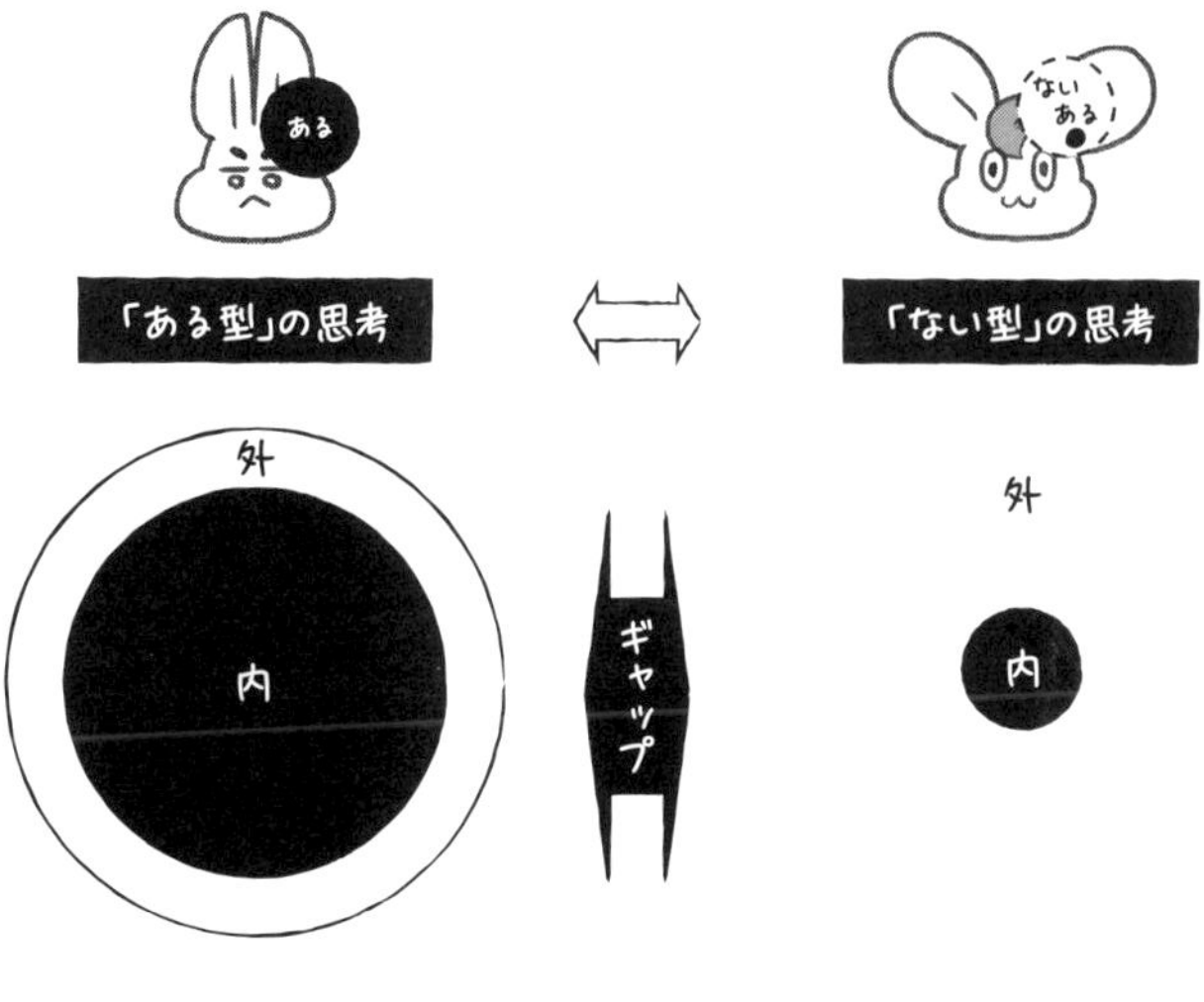

「紹介者としての立場」といった形です。

このような「立場」を中心とした一定の範囲でくくった領域がここでいう「内」ということになります。「内」という言葉には常に、「何の内側か?」という問いがセットになっています。その答えは状況次第であり、そのときどきで異なります。そこには何らかの「中心」(自分、自分の家族、自分の所属する会社など)があります。

つまり、「中心」がある(「内」がある)発想は「主観」とも表現できます。一方で「内も外もない」発想が「客観」ということになり、主観と客観の間にも非対称性が存在することになります。

話を「ある型」(=主観)の思考回路に戻すと、そこでの「外」というのは、「それ以外の領域すべて」ということになりますから、基本的には「どこかに中心がある」という「内」とはニュアンスが違っています。

「内」とは「内向きの収束型の発想」であり、外とは「外向きの発散型の発想」という比較から、「内」にはわかりやすい中心がありますが、「外」にはわかりやすい唯一の中心があるというわけではありません。

「内と外」もこのように、非対称な関係であり、数々の問題が発生する要因となるギャップが存在します【図51】。

「外は広い、内は深い」

「家にあるものとないもの」問題に戻るまでもなく、私たちは「内」のものを近い距離から高い解像度で見ていることはだれもが心当たりのあることだと思います。「中立的な立場」をとっていると主張する人でさえも、大なり小なり「身内びいき」は避けられません。

例えば会社には「国内事業部」と「海外事業部」があり、「国内担当」と「海外担当」が置かれていることが一般的ですが、人口でいえば、国内と海外は「一億対八〇億」、つまり国内は海外の何十分の一です。GDP比でも約二〇分の一程度の日本を中心として、その他を十把《じっぱ》一絡《ひとから》げに「海外」として扱っている時点で、いかに「日本中心」の発想かがわかります（企業の売上ベースで九割以上が国内であれば、当然といえば当然ですが）。これはあらゆる組織や集団の「内と外」の関係でも同様のことがいえるでしょう。

かなりの昔から島国だったこともあって、閉鎖的な「ムラ社会」の意識が強い日本においては、さらにこのギャップが大きいかもしれません。同じ「内側にいる人同士」では大きな問題にはならなくても、外の世界に出ていったり、外の世界の人を迎えたりするときに、このような意識がさまざまな問題として顕在化することになるでしょう。

ところで、図50と図51で示した「ない型」は、厳密にいえば「内」の円が一つしかない

［図52］

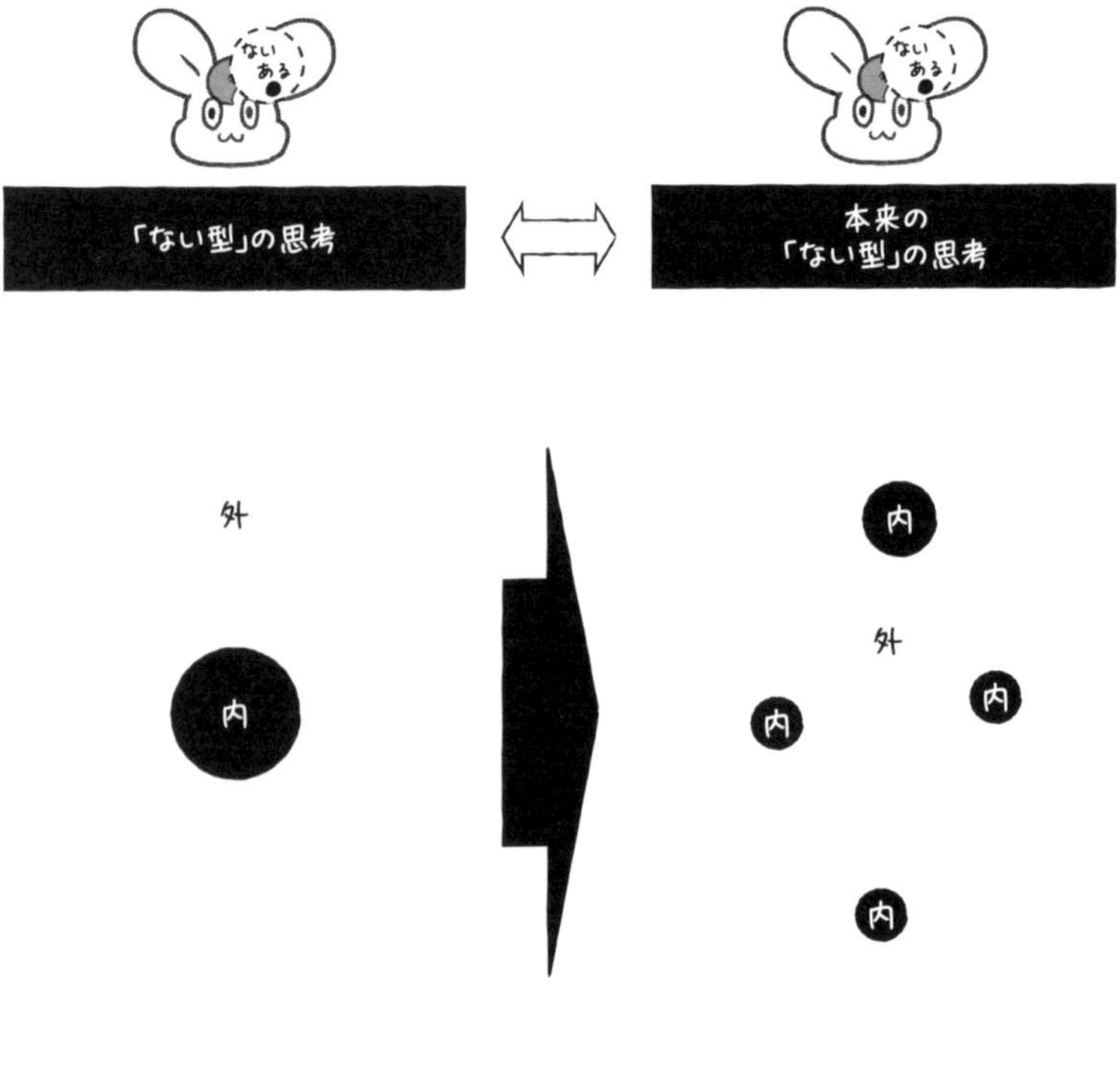

という点で、「実は中心がある」世界観になっています。これをさらに正確に表現すれば、図52のように、いくつもの（「ある型」の人がいう）「内の円」が複数かつ多様な大きさで存在するようになるかと思います。図50と51は、図52の中のどれか一つの「内の円」（黒塗りの円）の周りを抜き出したものであると考えてください。

最後に、「内と外」の視点から、ここまで述べてきた「ない型」と「ある型」の思考回路の違いについて、改めて考えてみましょう。

アメリカへの禅の布教に多大な貢献をした仏教学者の鈴木大拙《すずきだいせつ》は、「外は広い、内は深い」という言葉を残しています。この言葉は端的に「内と外」の世界の違いを表現したものといえるでしょう。

「内」を深く掘るためには軸足を定め、一定の範囲に注意を集中する必要があります。しかしその反面、視野が狭くなります。対して、「外」の世界は視野を広く持つことができる反面、「中心」がありません。つまり、どこまで行っても果てのない「広い」世界が続きます。

居場所に落ち着いて、ひたすら深さを追求する「内」の世界と、中心を決めずにひたすら遠くまで広さを追求する「外」の世界、これはいわば深さ重視の「縦方向」の「内」の世界に対して、広さ重視の「横方向」の「外」の世界の違いです。ものごとを二次元的に平面でとらえている限り、互いに相手の手の内は見えてこないということです。

第15章 閉と開

セクショナリズムは悪か

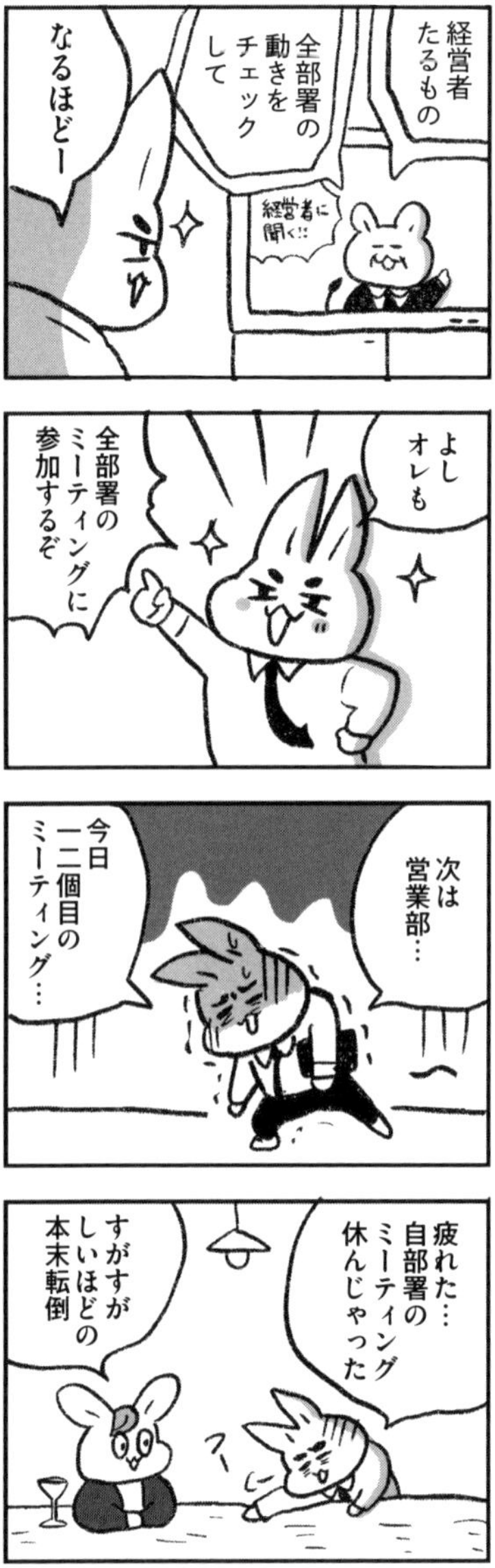

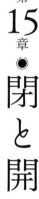

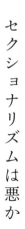

「境界」があるかないか

前章の「内と外」を別の側面から見たのが、「閉と開」という関係です。本章では、「閉と開」という対比から、「内と外」について、さらに深く考えてみることにします。

そもそも内と外を区別するには境界が必要となるわけですが、「閉」の世界とは、その境界をはっきりと意識してそのどちらにいるかを明確に区別する世界観です。逆に「開」の世界とは、文字通り開かれた世界であり、特定の領域間を区別するような境界が存在しません【図53】【図54】。

「境界の設定」は、世の中のさまざまな仕組みを効率的に運用する上では必要です。仕事を発注したりされたりする場合には、「ここまではやるが、ここからはやらない」という線引きを明確にしておかないと、後々もめる原因となります。また、多数の人が同じ環境で一緒に仕事をする場合には共通のルールが不可欠ですが、このルールも「ここまではやってもいいが、ここから先はやってはいけない」という線引きです。

特定の問題を解決する上では、「ここからここまでが問題である」という線引きが不可欠です。それによって、迅速かつ無駄のない問題解決を多数の人間で実施することが可能になります。つまり、「問題解決」と「閉」の世界は、相性がいいということです。逆に、「問題発見」は既成概念にとらわれずにゼロベースでものごとを観察する必要があるので、相性がいいのは「開」の世界です（第2章「問題解決と問題発見」参照）。

「閉」の世界は、あたかも家の敷地の境界を決めるかのように、「ここまでが自分の陣地で、ここから外には出ないし、外からも中に入ったりさせない」という、出入の管理がされた集合住宅のイメージです。そこにはだれがいてだれがいないのかは明確に把握され、リスクもない代わりによい意味でのサプライズも少ない世界です。

対する「開」の世界は果てしない大草原（や大海原《おおうなばら》）のイメージで、実際には「果てがない」というイメージです。

これらの違いの実例を挙げれば、「すべて自前でやってしまう」というのが「閉」の代表例で、不特定多数の人や会社との協業を前提にするのが「開」の世界といえます。これは前章の「内と外」の関係に根底でつながるところがあります。

「問題解決と問題発見」との相性

「閉」と「開」における対立は、「問題解決と問題発見」と同様、外部環境に応じて「閉」と「開」の必要性が変わるのに、それに気づきにくいことに起因します。どちらかの「ものの見方」に固執することで、両者間に無駄な軋轢《あつれき》が生じるのです。

例えば「セクショナリズム」を考えてみましょう。これは自分の所属する部門の利害のみを考えて各自が異なる「タコつぼ」から頑《かたく》なに出てこないという点で、典型的な「閉」

［図53］

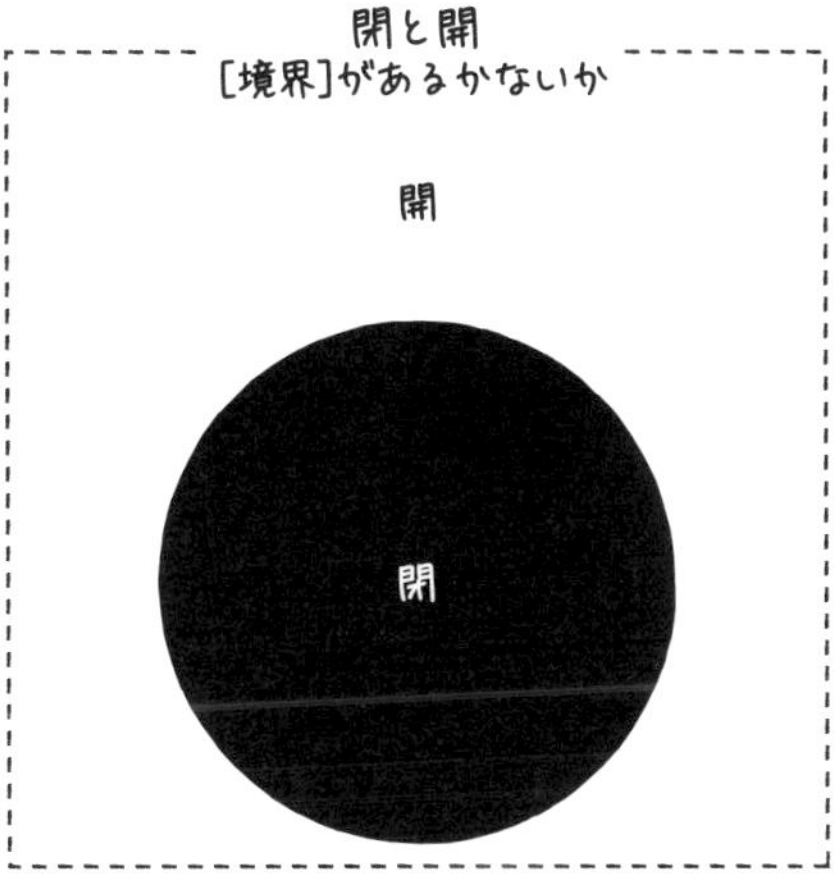

［図54］

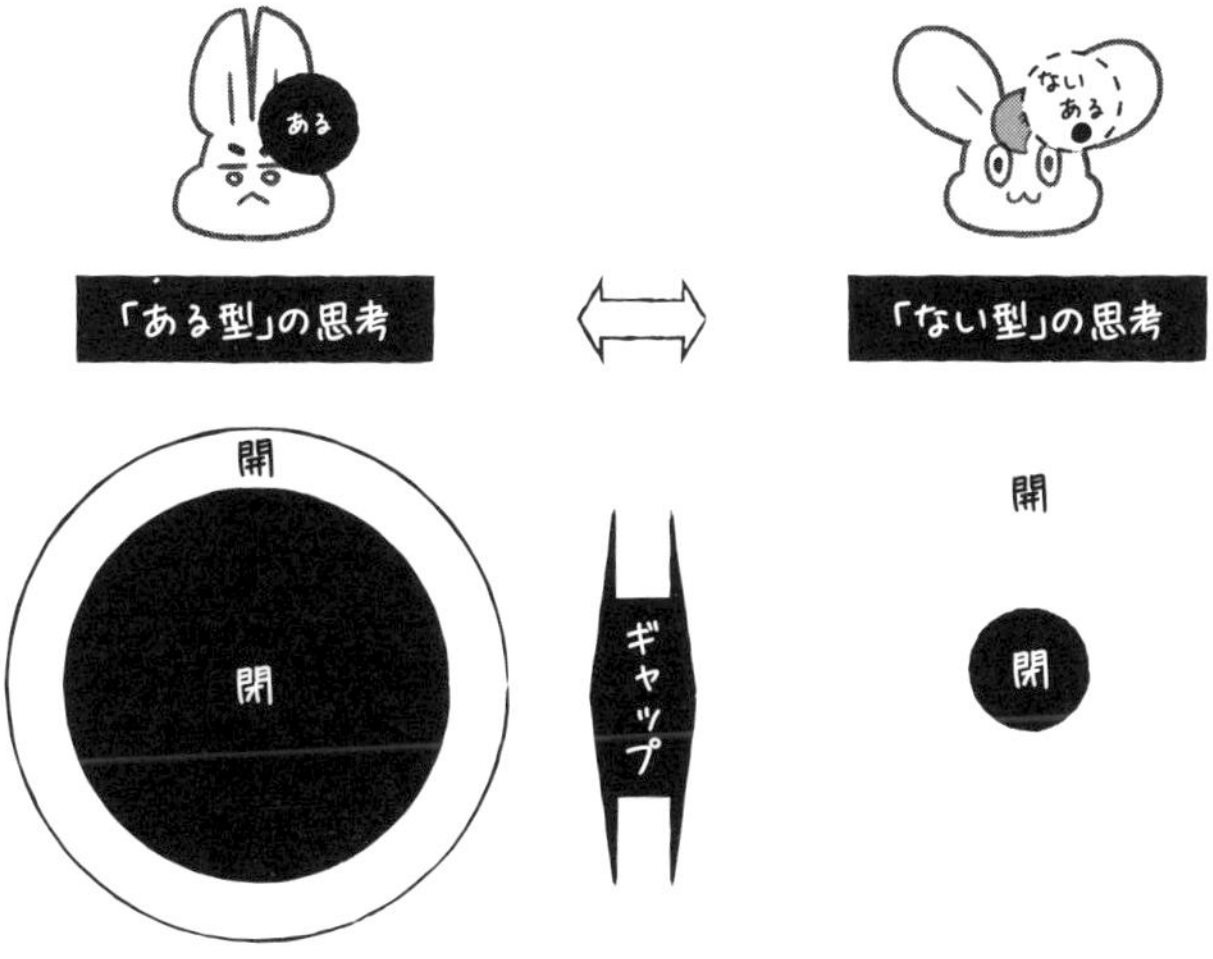

の世界です。「セクショナリズム」という言葉は多くはネガティブな文脈で使われますが、見方を変えれば必ずしもマイナスをもたらすばかりではないことがわかります。「問題解決と問題発見」という視点で考えてみましょう。

一定の問題が明確に決められていて、それを解決しようとする場面では、明確に線引きをして、わき目もふらずにそこにリソースを投入することが求められます。このような状況下では「担当外に目を向ける」のは「注意散漫となってエネルギーを無駄遣いする」以外のなにものでもありません。

ただし、「明確に線引き」された「閉」の世界のほうが多くの人が圧倒的に理解しやすいため、必要以上に「役割分担」が強調されすぎてそれが弊害になる場面が頻発《ひんぱつ》することも忘れてはならないでしょう。

第16章◉部分と全体

「ほんの一部分」であることに気づくことの難しさ

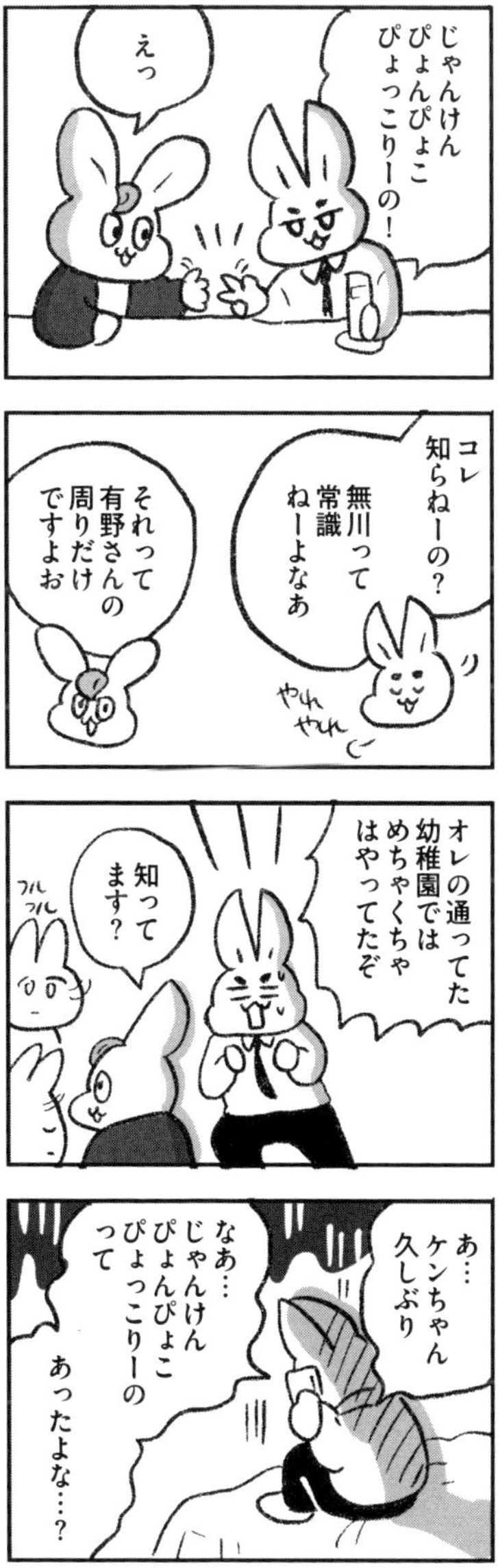

「前提」があるかないか

「部分」と「全体」がどのように「ある」と「ない」に結びつくのかと疑問に思った人がいるかもしれません。

普通に考えれば、全体の中に部分が含まれるわけですから、部分にあるものはすべて全体にあるように思えるかもしれません。ここでは少し発想を転換してみましょう。「部分」というのは何らかの条件によって「全体」から切り取ったものということができるでしょう。そこには切り取るための条件、つまり「前提」というものがあります。したがって、ここでの「あるかないか」は「前提」ということになります［図55］［図56］。

改めて私たちが「部分」を考えるときのことを考えてみましょう。「家にあるものとないもの」問題に戻れば、家という「全体」に対してのリビングや台所という「部分」、会社という「全体」に対しての部や課という「部分」、自動車という「全体」に対してのタイヤやハンドルという「部分」といった関係です。

私たちはふだん何気なく「部分と全体」という関係を使い分けていますが、ここには必ず「どのような観点でその部分を抜き出したのか？」という前提が含まれています。家と部屋の関係でいえば、「構成要素」という観点、会社と部署でいえば、「組織構造」という観点、自動車の例でいえば、「部品」という観点などがこれらの例で置かれていた前提で

［図55］

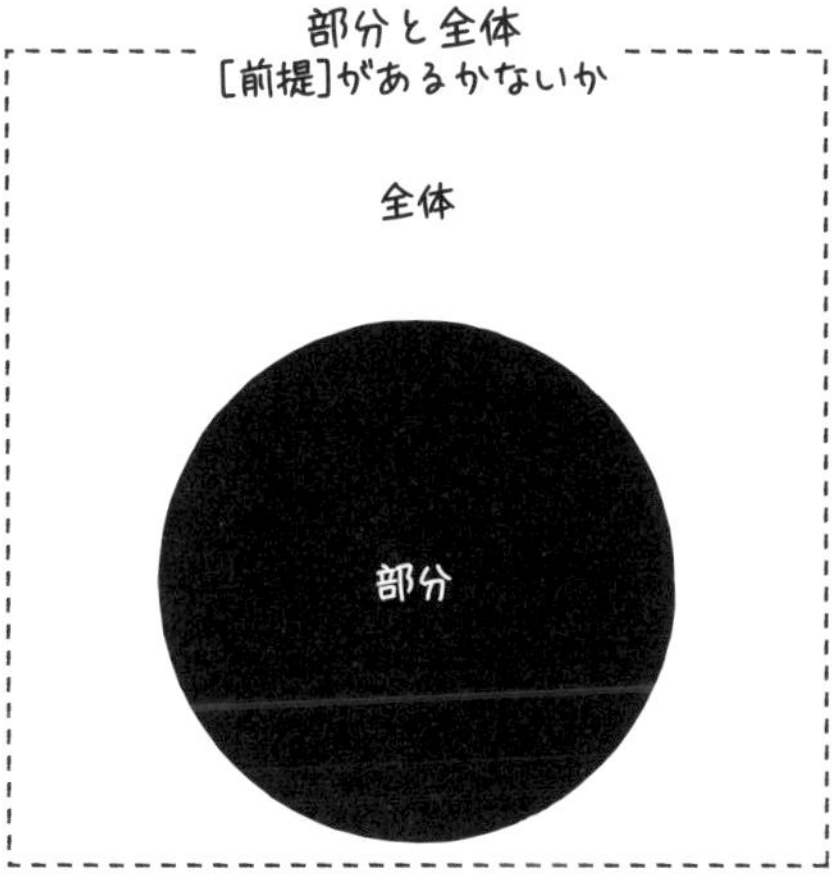

［図56］

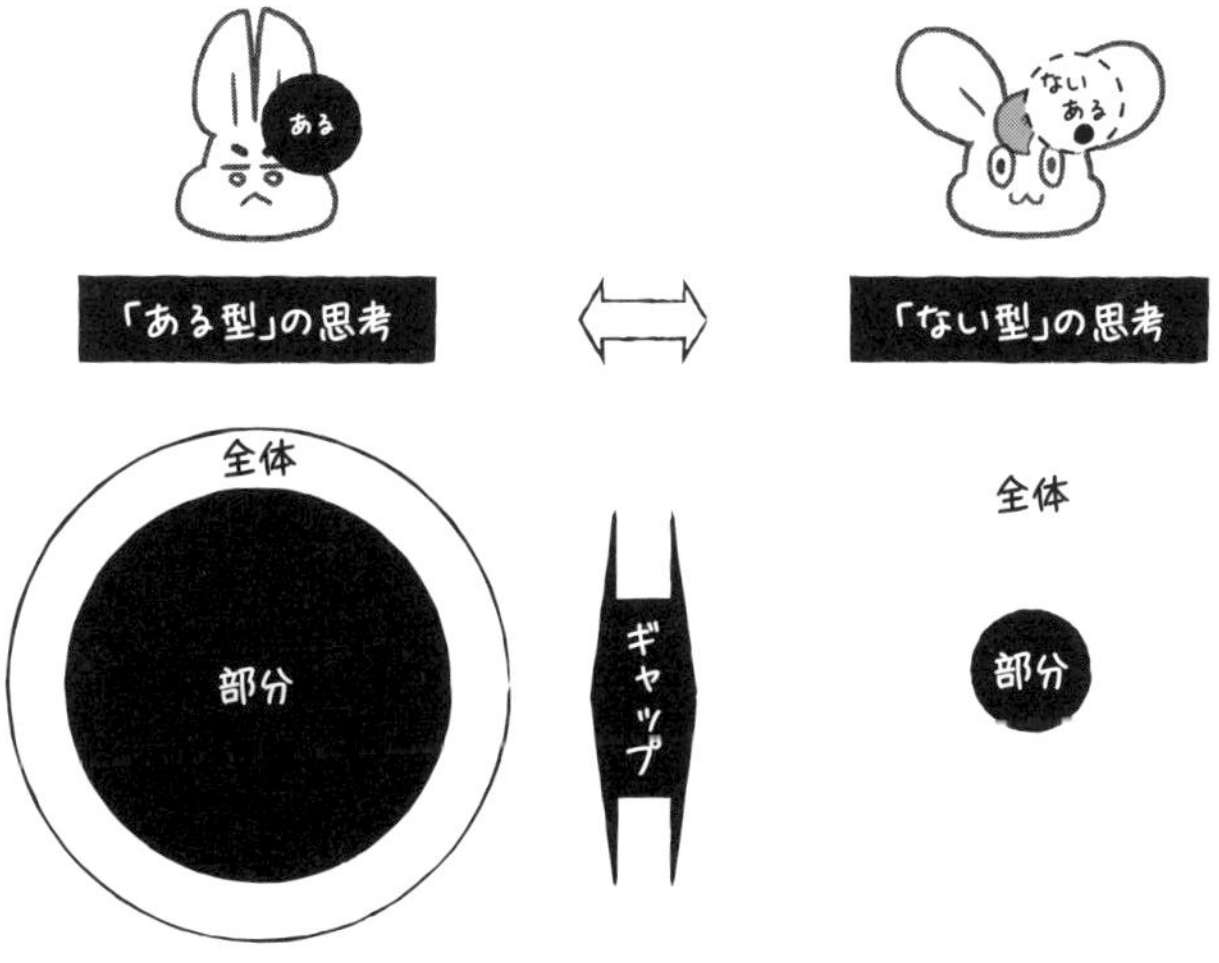

す。

このような物理的かつ具体的でわかりやすい関係においては、部分と全体に関しての誤解が生じることはほとんどないかと思いますが、問題はそれを精神的なものや概念的なものに適用した場合です。

私たちは言葉という抽象化のツールを用いてコミュニケーションをとりますが、言葉というのは実は、具体という「全体」像から「部分」を切り取るためのツールなのです。これだけでは何を意味しているかがわかりにくいので、例を挙げましょう。

図57を見てください。皆さんはこの図の下の中央に描かれた「物体」をどのように「言葉で」表現するでしょうか？

もちろん、「リンゴ」というのが最も多い回答だと思いますが、これを見た人の興味・関心や職業、好き嫌いなどにより、何よりもそれを語るときの文脈によって、「赤い」とか「葉っぱがついている」とか「紅玉《こうぎょく》」とか「ジュース用」とか、さまざまな描写の仕方があるに違いありません。要は、言葉というのは、「目的に合わせて切り取る」ための道具でしかないのです。つまり言葉で表現していることは所詮《しょせん》、「ほんの一部分（側面という意味も含めて）」にすぎないのです。

このように、私たちが言葉で表現していることは現実の世界の「ほんの一部の切り取り」です。たった一つのリンゴの描写だけでこのありさまですから、複雑な経済事象や人間関係の機微などは、どんなに言葉を駆使したつもりでも、その「ほんの一部」ですら表

［図57］

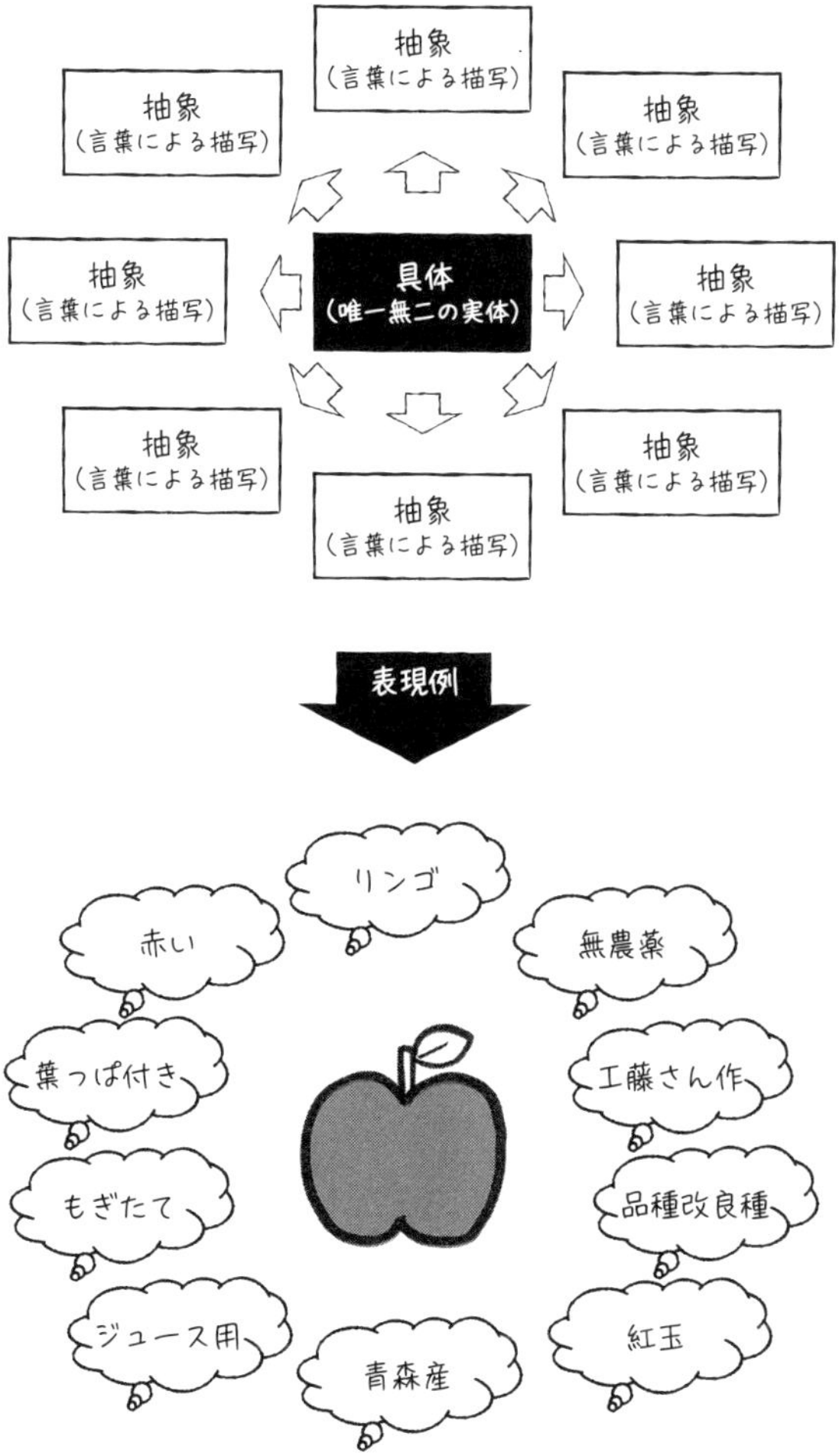
抽象
（言葉による描写）
抽象
（言葉による描写）
抽象
（言葉による描写）
抽象
（言葉による描写）
具体
（唯一無二の実体）
抽象
（言葉による描写）
抽象
（言葉による描写）
抽象
（言葉による描写）
抽象
（言葉による描写）
表現例
リンゴ
赤い
無農薬
葉っぱ付き
工藤さん作
もぎたて
品種改良種
ジュース用
青森産
紅玉

現したことにはならないことがおわかりでしょう。

相手に食ってかかるか、自らを顧みるか

私たちが言葉でやりとりをしている場面では、「実はほんの一部分であるのに、それを全体のように扱ってしまう」ことが頻発《ひんぱつ》します。つまり、こうした現象は、ほとんどのコミュニケーションの場で起こっていることであり、そして何より致命的なのは、そのことに本人が気づきにくいということです。

「一部分」にはさまざまな側面が考えられます。例えば自分が経験してきた範囲とか、自分の身の回りにいる人たちの範囲とか、自分が属している集団の属性といったことです。私たちは自分たちが経験してきた世界を「世界のすべて」だと勘違いし、それが数多くの前提が置かれた「ほんの一部分」であることをすっかり忘れてしまうのです。

その結果、ほかの人が自分とは異なる前提のもとで言っている意見に対して、いとも簡単に「正しい」とか「間違っている」という判断を下します。そしてその「壮大な勘違い」を声高に語りがちなのです。

相手の言っていることが、自分の世界ではとうてい理解できないことであった場合、「相手がはみ出した存在だ」と考えるか、「自分の視野が狭かった」と考えるか、これが「部分」で考えるか「全体」で考えるかの違いです。

相手に食ってかかるか、自らの視野の狭さを顧《かえり》みるか、コミュニケーション上の軋轢《あつれき》はこの視点があるかないかで大きな差がつくことになるでしょう。まさに本書のメインテーマである「ものの見方」一つで、感じ方や生き方が変わることになるのです。

第17章◉既知と未知

「わかっていない」から「自分は正しい」と考えられる

「知識」があるかないか

「既知」は「知っている」、「未知」は「知らない」ということなので、ここでの「あるかないか」の対象は「知識」ということになります［図58］。

ここまで繰り返し述べてきたように、私たちは何かを考えるとき、当然のことながら「見えているもの」という具体的なものをベースにして考えます。そして、具体的なものはたいていの場合は経験に基づいています。ここでいう「経験」には文字通り直接的に自分で見たり聞いたりしたことに加え、テレビやネットや本での「間接経験」も含まれます。

「あるとない」の一般的なルールからこれらの関係でいえることは、順序に不可逆性があるということです。未開拓の土地は一度開拓されたら、それを再び「未開拓」に戻すことはできません。SNSでいえば、未読が既読になっても逆はないでしょう。強引にシステム上の表示を戻すことはできるかもしれませんが、内容を読んでしまったことを「なかったことにする」のは、PCの記憶装置ではできても私たちの脳ではできません。このように未読から既読への一方通行となります。

また、知っていることは有限ですが知らないことは無限にありうるという点も、「あるとない」の関係を継承します。したがって、「知らないことを挙げてください」という問題は、「知っていることを挙げてください」という問題よりも格段に難易度が高くなります。

図59における「ある型」は、「中途半端に知っている」人によく見られる思考回路です。どんな領域でもある程度の知識を得ると「わかったような気になってしまう」という状態となります。もう学ぶことがあまりなくなるので、このような思考回路の人は「他人への説教」を始めることが多くなります（ソクラテスが批判した当時のギリシアにおける「ソフィスト」がこの状態です）。

対して同図における「ない型」の思考回路とは、学べば学ぶほどその外枠（「ない」の領域）が広がっていき「学べば学ぶほど自分の未熟さが身に染みる」という境地です。

「無知の無知」と「無知の知」

それでは、このようなギャップからどのような問題が引き起こされるのでしょうか？

認知心理学の世界で「ダニング＝クルーガー効果」と呼ばれている一種の認知バイアスがあります。簡単に表現すると「わかっていない人ほど、わかっていると誤解している」ということです。

一方でソクラテスの唱えた「無知の知」（「知らない」ということを知る）という言葉はある意味この真逆の状態を表すもので、「本当に賢い人ほど、自分はわかっていないと思っ

［図58］

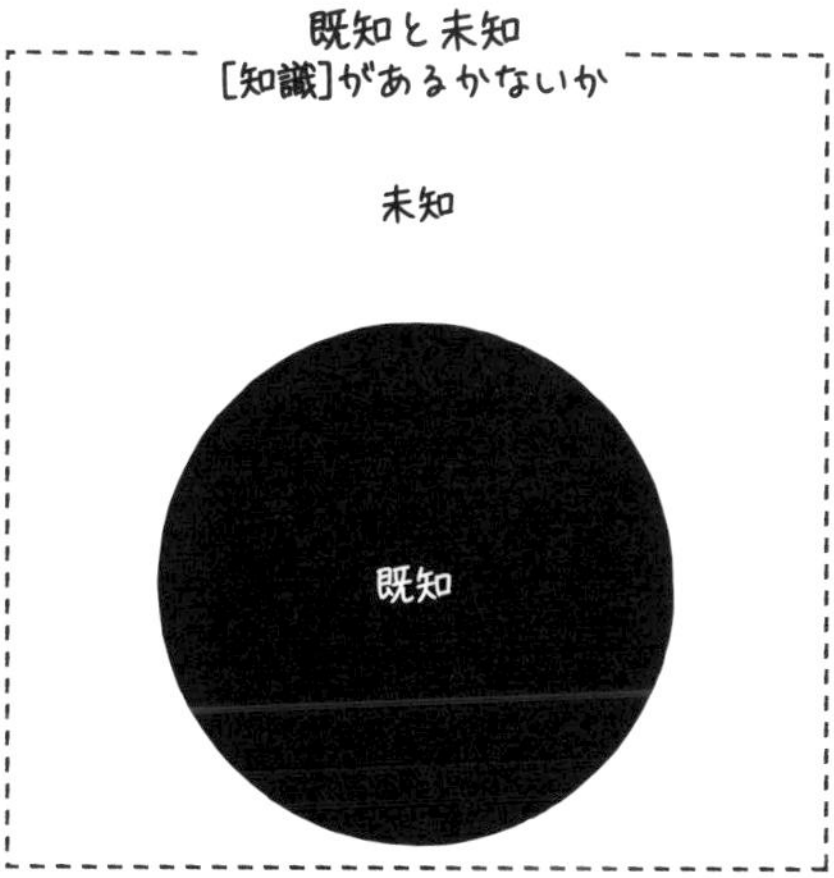

［図59］

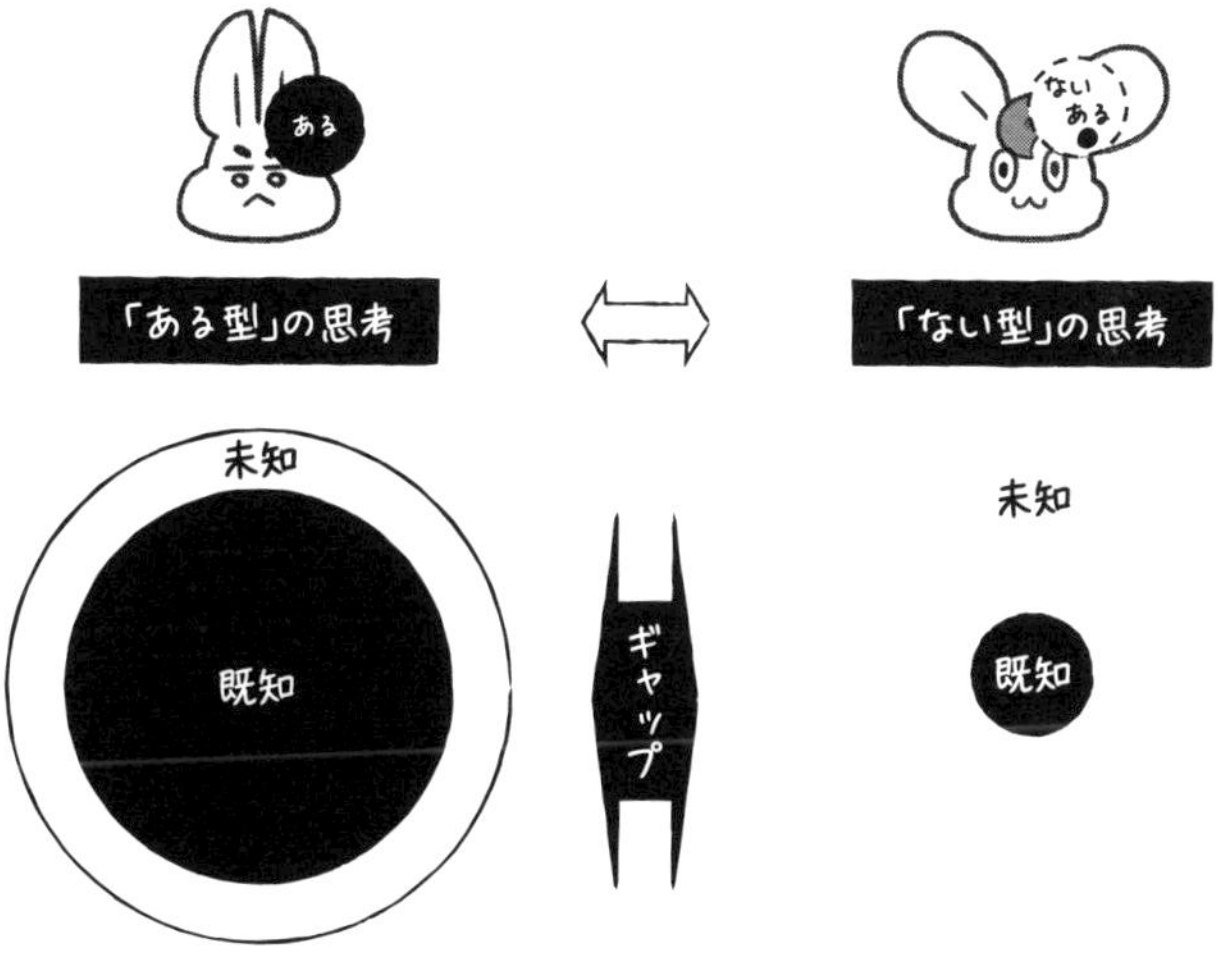

ている」ことを端的に表現しています。対して、「わかっていない人ほど、わかっていると誤解している」は「無知の無知」（「知らない」ということを知らない）ということができます。

日常生活やSNSでよく見られる現象です。

- 事情をよく知らない人ほど「自分が正しい」と思って断言的な主張をする（「ある型」の思考）。
- 一方で、「自分が知らないことがあるかもしれない」と疑ってかかる人は、安易に自分の正しさを主張せずに「自分は間違っているかもしれない」という姿勢を崩さない（「ない型」の思考）。

こうした「ある型」と「ない型」の二者がやり取りをすれば、「実はわかっていない人が、本当はわかっている人を相手に論破して勝ち誇る」という現象が後を絶たないことになります。

終章◉「無の境地」とは何か

「ある」と「ない」に「程度」はあるか

「ある」と「ない」の関係性を持つさまざまな概念のペアを対比してきました。「ある」の領域である円の内側と、「ない」の領域である円の外側とでは、不連続な変化があるというのが基本的な前提でした。これはもちろん、それらの特徴を際立たせるために単純化したものであり、それぞれの言葉の対《つい》において、それぞれ「白と黒」に世界が真二つに分かれるのかといえば、そうではありません。

円の内側から外側へ向かって、世界はどのように「ある」から「ない」へと分布しているのか、「ある」と「ない」には「程度」があるのか、あるとすればそれはどのように考えられるのか。別の言い方をすれば、本書で何度も使った「円の内と外」の図に「深さと方向」があるとすれば、それはどのような分布になるのか。本章ではそこを考えてみたいと思います。

まず、本書で用いてきた「ある」と「ない」の二重の円の図の断面を考えてみましょう。どんな形をしているのでしょうか［図60］。

本書でとりあげてきた言葉のペアは、必ずしもすべて同一の「断面」を持っているわけではありません。さらに「ある」と「ない」の程度（深さ）も、いわば「最大公約数」的な（抽象化した）共通部分ということになります。したがってここでは、いくつか考えやすくかつ汎用性の高そうな言葉のペアを例にとりながら、帰納的に考えてみたいと思います。今回とりあげたすべての言葉に共通する法則にはならないかもしれませんが、いくつかの方向性が見えてくるかと思います。具体例から一般則を探るということです。

まず、「あるかないか」の二段階に見えているもののうち、「ない」がさらに二つに分かれる例をとりあげてみます。第1章の「答えがある」と「答えがない」（「正解」があるかないか）、第2章の問題解決と問題発見（「問題」があるかないか）を合わせて考えてみましょう。

「答え」があるものについては、当然、問題はあるわけですが、「答え」がないものについては大きく二通りに分かれます。「問題があるが答えがないもの」と「そもそも問題がない（から答えも当然ないもの）」です［図61右］。

つまりこれらの関係は、まとめると三つの領域からなっていたことがわかります。

次に第17章の既知と未知（「知識」があるかないか）について、同様に見てみます［図61

［図60］

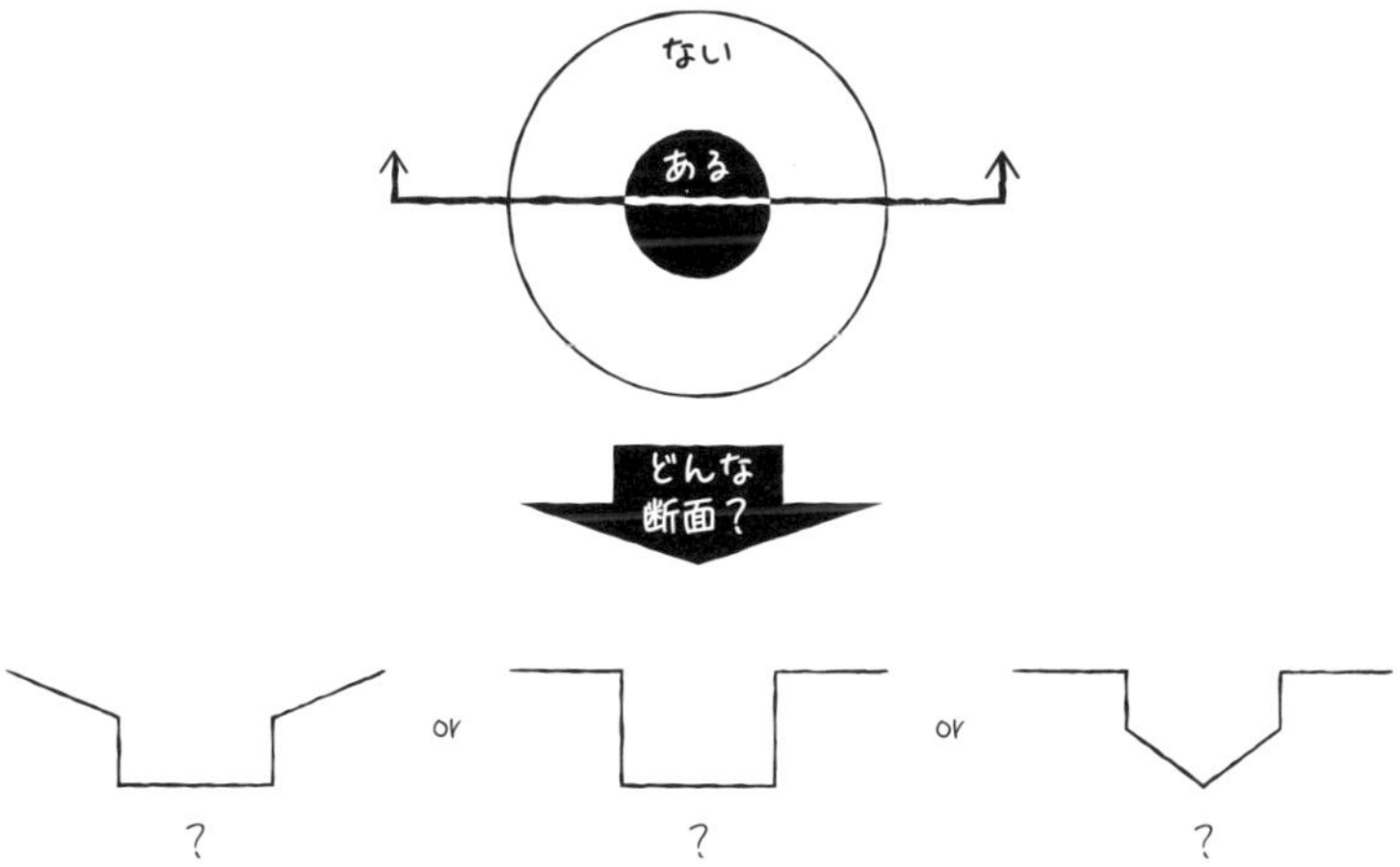

左]。

ここでは「答えがあるとない」のブレイクダウンの仕方と同様に、「ない」である「未知」のほうを二つに分けて、「既知の未知」(「知らない」と知っていること)と「未知の未知」(「知らない」ことすら知らないこと)とに分解します。もちろんこれは「既知」のほうにも適用はできるのですが、本書の定義で「より奥の深い」、「ない」側をさらに深掘りする形でこのようなアプローチをとります。

究極の抽象とは

このように、「ある」と「ない」には、いくつかの段階があることがわかります。

さらに多段階に分けられるのは、第3章「カイゼンとイノベーション」の「変数」です。円の外側にいけばいくほど選ぶことができる変数が増えていくと考えれば、多くの段階が存在するイメージになります[図20]。

「変数」は「自由度の違い」ととらえることもできます。例えば思考における自由度は、どのくらい多くの側面から考えることができるかということです。当然、より多くの変数を持っているほうが多様な視点を持てます。

「ない」の外側にいくほど自由度が上がっていくというイメージは、「具体と抽象」の関係にもつながってきます。抽象度が上がれば上がるほど自由度が上がる、つまり変数の数

［図61］

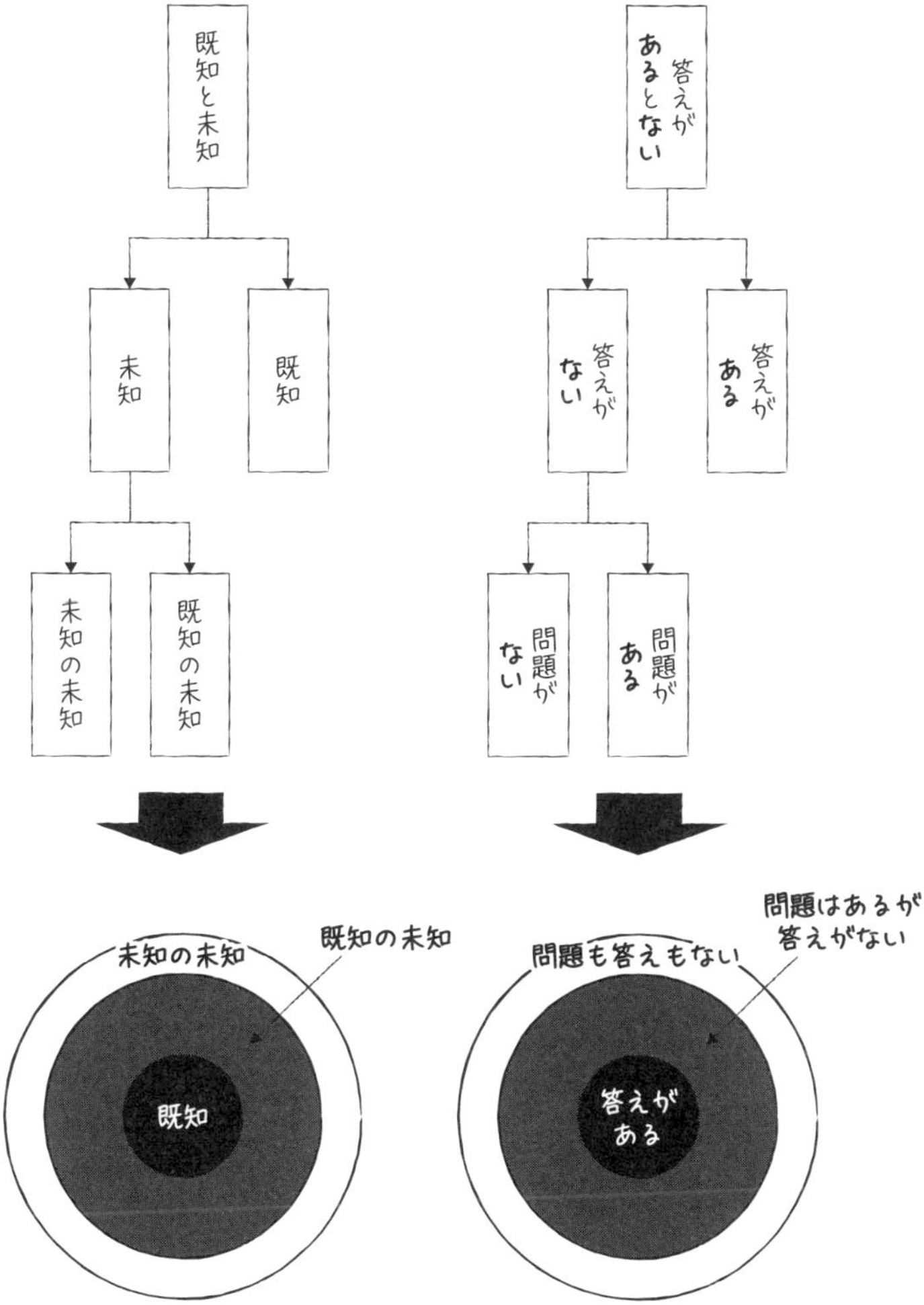
既知と未知
未知
既知
未知の未知
既知の未知
答えがあるとない
答えがない
答えがある
問題がない
問題がある
未知の未知
既知の未知
既知
問題も答えもない
問題はあるが答えがない
答えがある

が増えます。「具体と抽象」の関係を表現した円でいえば、外にいけばいくほど自由度が増えることになります［図24］。

また「自由度」を「変数の数」と考えると、「次元の数」と同義であると考えることもできます。変数が一つの（例えばX：数直線のような）状態が一次元、変数が二つ（例えばXY平面）の状態が二次元、変数が三つ（例えばXYZ空間）の状態が三次元といった具合です［図62］。

ここまで述べてきたイメージを整理しておきましょう［図63］。

円の中心から限りなく遠いところ、つまり「ない」を極めた状態は変数、次元、自由度が無限に大きくなった状態です。言い換えれば「抽象度が無限大」になった状態であり、「無」の極限ということになります。つまり、円の内側から外側に向かって「変数＝自由度」が増加しながら抽象度が上がっていくというイメージです。いわば解釈の自由度が無限大、つまりどんな解釈でも可能というのが「無」であるということです。

変数が0、つまりゼロ次元というのは数学的には大きさのない「点」であり、文字通り何かが「ある」か「ない」かの状態を指します。いわば「ある」の種がまかれている状態です。これが一次元になると、「変数」に大小が出てきて比較ができるようになり、それがさらに変数が増えて多次元になってくると複数の多様性のある視点からものごとを見ることができるようになっていきます。

さらに変数が無限に増えていくにしたがって、ものごとをいかようにも見られる、いわ

［図62］

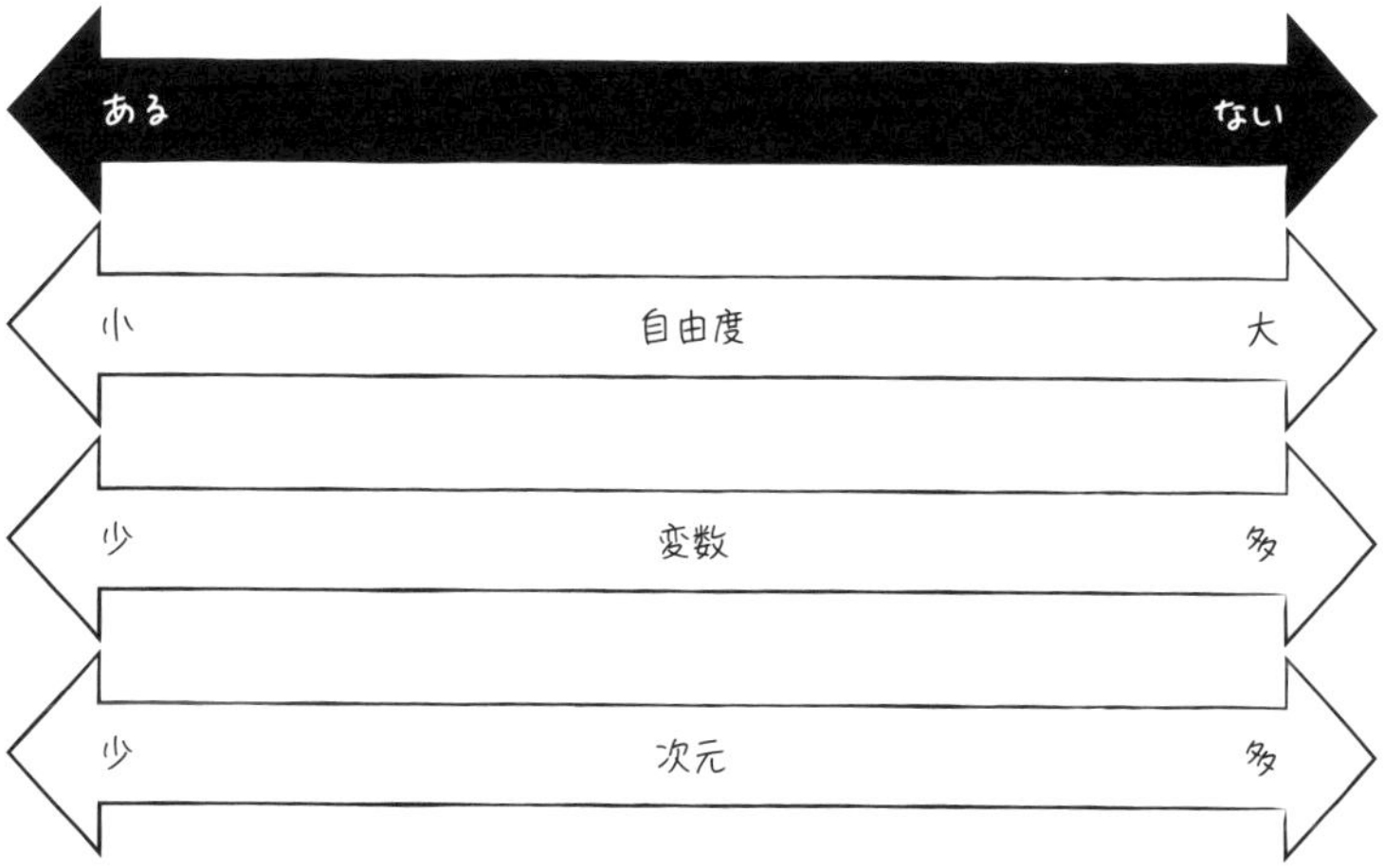

［図63］

	0次元	1次元	N次元	∞次元
表現	**「有無」の世界** 「ある」か「ない」か	**比較の世界** 「大きい」か「小さい」か	**多次元比較の世界** 多面評価	**見えない世界** 表現不能
イメージ	点	線（数直線）	複数座標軸 ※3次元の例	見えない
世界観	**2値** 白か黒か 白　黒	**スペクトラム** 薄い灰色から濃い灰色まで 白　黒		**不特定多数のスペクトラム**

ば「無の境地」に至ります。

このような世界観で周囲を眺めてみれば、「ゼロ次元の世界の住人」「一次元の世界の住人」「多次元の世界の住人」がいることがわかります。世界は限りなく広く多次元の空間なのに、低次元の空間に閉じ込められている人があまりに多いというのは、まさに本書の「ある」と「ない」のギャップそのものを物語っているように見えます。

「ゼロ次元の世界の住人」とは、「正解があるかないか」の世界観で生きている人たちです（第1章参照）。「自分が正解で他人が不正解である」という前提で言動している人たちがここに相当します。

「一次元の世界の住人」とは、ものごとを一つの物差しで測って「比較の世界」で生きる人たちです。この世界の住人は、例えば年収、例えば学歴、例えば社会的地位、例えば特異な経験の多寡《たか》など、人間同士の優劣を限られた尺度で判断し、それが価値観のすべてであると考えます。いわゆる「マウント」は、この世界で起こっている話です。

「多次元の世界の住人」が、いわゆる多様性の世界で生きている人です。ただし、必要以上に「多様性」ばかりを主張するのは、多次元の世界で生きているようでいながら所詮《しょせん》は「多様性」という一次元の価値観で生きていることになるのかもしれません。

言われるまでもなく、もともと多様性を重視している人は、声高に宣言するようなことはありません。「多様性を！」と叫びはじめた瞬間、実は「限られた次元の世界にとらわれている」ことを意味するからです。

「無の境地」が無限大であることは、1、2、3……と数を無限に増やしていった先が「無」に行きつくという点で、一見矛盾《むじゅん》している世界観のように思えます。「ある」の状態としての「自由度が小さい」状態は、ものごとを固定的に見ているという点で「偏見がある」状態ともいえます。「無」とは「一切の偏見を取り除いた」状態であり、「解釈の自由度を無限に持った」状態です。つまり「無」が行きつくところまで行った状態ということになるのです。

膨張する「ない」の領域

最後に、本書でたびたび言及してきた「不可逆性」について、補足説明をしておきたいと思います。「ある」と「ない」は一見、同列の対称性があるようで、実は「非対称」であることは、本書で繰り返し示してきました。その「非対称性」の代表選手が「不可逆性」です。時間的に非対称であることは「不可逆」（あと戻りできない）ということです。

第17章の「既知と未知」で触れたように、基本的に「ない→ある」は自然な流れとしてあっても、「ある→ない」は簡単には起こらないという性質があります。

「既知と未知」以外でも、「問題がない→問題がある」「正解がない→正解がある」「ブルーオーシャン→レッドオーシャン」など、「ない」ものが「ある」ものに変わっていく一方通行性が、順序依存性のある「ある」と「ない」の間で見られる傾向です。

この傾向が不可逆過程であるとすると、「ない」が少なくなり「ある」が増える一方なので、世の中は「ある」であふれてくるように思えます。ところがこれはあくまでも「ある型」の思考回路での発想です［図64上］。

では、「ない型」の思考ではどのようなイメージになるのでしょうか。

確かに「ある」の部分は増えていくのですが、それ以上のスピードで「ない」の領域が拡大していきます。序章で述べたように、「ない型」思考ではそもそも「ない」に外枠はありません。「ない型」の思考では、「ない」の領域も「おぼろげながら見えている」わけですが、その「ない」の領域が、「ある」の領域が増えれば増えるほど広がっていきます。あたかも急速に膨張し続ける宇宙空間のように、知れば知るほど「知らない」と思える領域が増えていくということです［図64下］。

もうお気づきだと思いますが、これは「既知と未知」の章で触れた「ダニング＝クルーガー効果」と「無知の知」の動的なメカニズムを表現したものです。

「不可逆」という視点で世界を見れば

「ない→あるへの不可逆変化」は、世界の流れを見ていく上で重要な視点です。とくに「既知と未知」は人間の知的内面をわかりやすく反映したものであり、個人のレベルと同様に、組織や集団においても「ない→ある」の変化が起きます。

[図64]

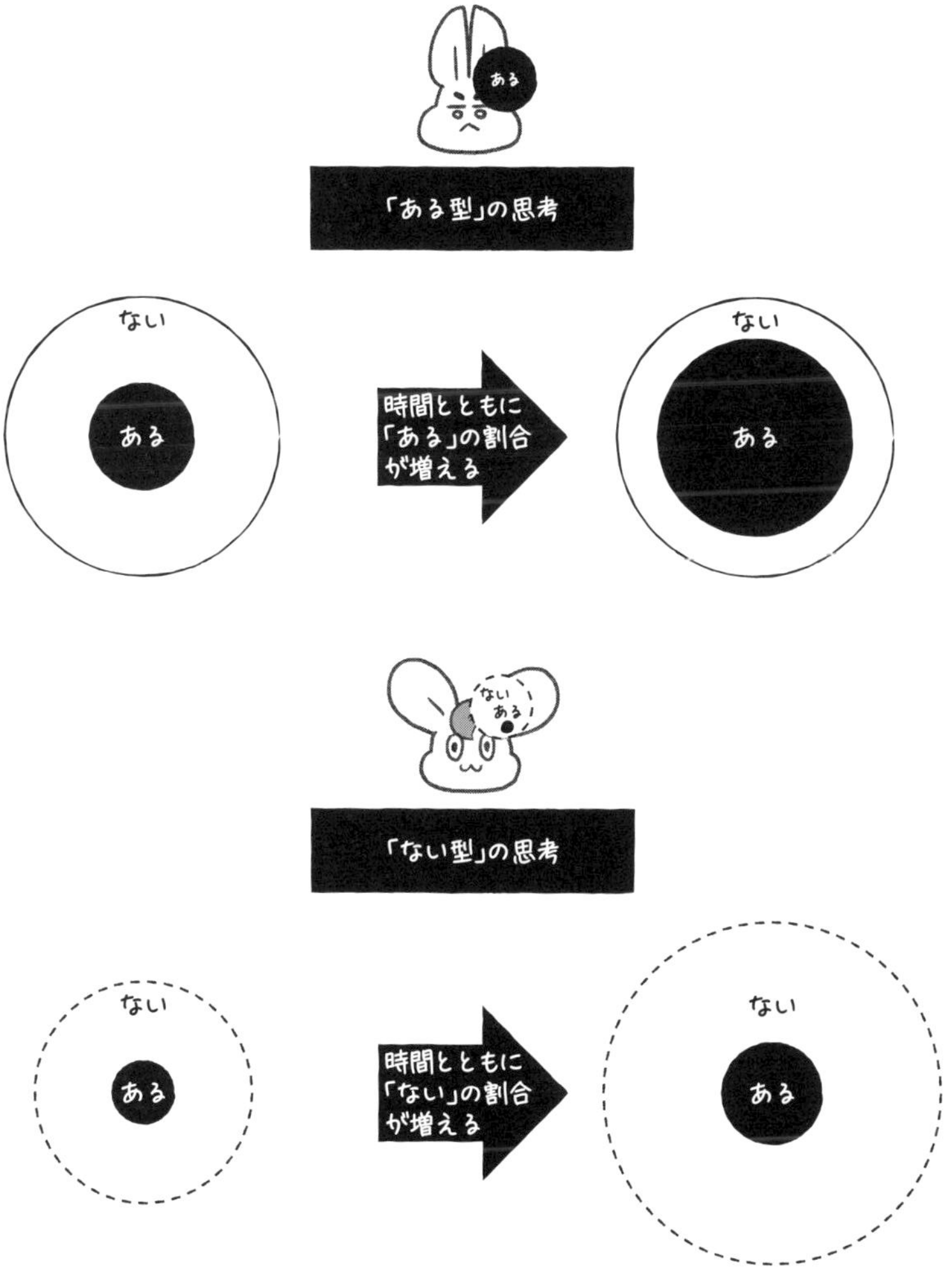
ある
「ある型」の思考
ない
ある
時間とともに
「ある」の割合
が増える
ない
ある
ない
ある
「ない型」の思考
ない
ある
時間とともに
「ない」の割合
が増える
ない
ある

個人でいえば、赤ちゃんが成長して大人になり成熟していく過程、企業でいえばスタートアップが成長して株式公開を経て大企業になっていく過程、それらの集団としての社会が未開の状態から成熟していく過程において「ない」から「ある」への移行が起こります。この過程においては、個人も集団も「ない型」の思考から「ある型」の思考へと移っていきます。

これは第10章の「守りと攻め」で論じたように、「持たざる者の発想」から「持てる者の発想」に必然的に移行していくからです。

例えば組織は「成長」にしたがって、

- ルールや制約が「ない」から「ある」へ
- 階層が「ない」から「ある」へ
- 役割分担による専門部署が「ない」から「ある」へ
- 組織としての秩序が「ない」から「ある」へ
- ブランドや実績が「ない」から「ある」へ
- 運営のための仕組みやグループが「ない」から「ある」へ

というふうに、「持たざる者」から「持てる者」へと変容していくわけです【図65左】。

この結果として、その組織で求められる個人の資質も変質していきます【図65右】。

[図65]

組織の変遷
ない ある
ない ルールや制約 ある
ない 階層 ある
ない 役割分担 ある
ない 秩序 ある
ない ブランド ある
ない 実績 ある
ない 仕組み ある
ない グループ ある
個人の変遷
ない ある
ない ルール依存 ある
ない 階層意識 ある
ない 縄張り意識 ある
ない 秩序意識 ある
ない ブランド意識 ある
ない 前例主義 ある
ない 定型性 ある
ない 集団志向 ある

・ルールへの依存が「ない」人から「ある」人へ
・階層や縄張り意識が「ない」人から「ある」人へ
・秩序への志向が「ない」人から「ある」人へ
・ブランド意識が「ない」人から「ある」人へ
・前例主義や定型性、集団志向が「ない」人から「ある」人へ

「ある」の種がまかれた人間や組織、あるいは社会は、不可逆的に「ない」の世界を「ある」世界が侵食していきます。その結果、一方通行的に「ある」世界へと変化していくのです。ただしこのような変化は一つの系、つまり本書で示す「真ん中の円」が置かれた一つの世界において進行していくのみです。したがって、またどこか「ない」の世界に別の「ある」の種が投入されれば、新たな系がスタートする形でリセットされた世界ができあがることになります。

一人の人間は生まれてから成長・成熟を経て老化から死に至ると同様に、組織や社会も同様の不可逆過程をたどります。一方で、新しい系が生まれ出ることによって世界全体が変化していくことになります。

おわりに

ＡＩの進化が止まりません。

おそらく今後数年間で、ＡＩそのものが飛躍的に進化するとともに私たちの仕事や生活の景色も大きく変わることになるでしょう。かたや「ＡＩに人間の知能が代替できるはずがない」と思っている人の多くは、「人間はアナログで考えていて『微妙なことが理解できる』のだからすべてを０か１に置き換えるデジタルの世界で表現できるわけがない」と思っているのではないでしょうか。

確かにデジタル技術の集大成であるＡＩは、基本要素にまでさかのぼれば「０か１」に分解できることになり、これは一見「あるとない」の違いのようにも見えますが、決定的な違いはコンピューターの「０か１」は基本的に多分に対称性があるものであり、そこが本書で扱った非対称の関係の「あるとない」とは決定的に異なっています。

このように「０か１」で表現されたＡＩが（本書でいう非対称の）「あるとない」を語るようになるのも、おそらく時間の問題でしょう。どのように進化していくのかが見ものです。

人間の世界でも、「無限」は多くの数学者が「近づくべからず」として敬遠して最後まで解明が進みませんでしたし、（本書でいう）「ある」を表現する自然数（１、２、３……）に比較して、「ない」を表現する０は圧倒的にその「発見」が遅れました。扱うのがきわめて難しいのが「ない」の世界です。

また、本書でいう「ない型」の思考回路は「自らを客観視する」メタ認知の産物であり、これは意識の問題とも関連してＡＩがいまだに持てない感覚であり、これをどう克服するかがＡＩの進化の一つの分水嶺《ぶんすいれい》となることは間違いありません。

最後になりますが、本書の刊行にあたり、この「つかみどころのないテーマの本」の企画を進めてくださったｄＺＥＲＯの松戸さち子さん、ならびに二〇一四年の『具体と抽象』以来、四コマ漫画という形で彩りを加えてくださっている一秒《いちびょう》さんに感謝いたします。また書籍という形にして世に出すためにお力を貸してくださった、出版、流通・販売に関わるすべての皆様に感謝いたします。

細谷《ほそや》功《いさお》

二〇二四年五月

著者略歴

著述家、ビジネスコンサルタント。神奈川県に生まれる。東芝を経てビジネスコンサルティングの世界へ。外資系／日系コンサルティング会社を経て独立。執筆活動のほか、問題解決や思考に関する講演やセミナーを国内外の大学や企業などに対して実施している。

著書に、『地頭力を鍛える』『13歳から鍛える具体と抽象』（以上、東洋経済新報社）、『いま、すぐはじめる地頭力』（だいわ文庫）、『メタ思考トレーニング』（PHPビジネス新書）、『やわらかい頭の作り方』（ちくま文庫）、『フローとストック』（KADOKAWA）、『具体と抽象』『「無理」の構造』『自己矛盾劇場』（以上、dZERO）などがある。

有《ゆう》と無《む》
見《み》え方《かた》の違《ちが》いで対立《たいりつ》する二《ふた》つの世界観《せかいかん》

著者　細《ほそ》谷《や》功《いさお》

2024年 6 月24日　第 1 刷発行

装画＋本文漫画　一秒
装幀　渡邊民人（TYPEFACE）
本文デザイン　谷関笑子（TYPEFACE）

発行者　松戸さち子
発行所　株式会社dZERO
https://dze.ro/
千葉県千葉市若葉区都賀1-2-5-301　〒264-0025
TEL: 043-376-7396　FAX: 043-231-7067
Email: info@dze.ro

本文DTP　株式会社トライ
印刷・製本　モリモト印刷株式会社

978-4-907623-71-5